实用精益管理培训系列教程

基层管理者
实用精益管理学

孙亚彬 易生俊 著

中国人民大学出版社
·北京·

丛书说明

本套丛书是过去两年时间里，我们集合了企业一线精益管理者、相关企业的精益咨询师以及研究团队共同撰写的精益素质培养与推行指导读物。

研究出版这套书是出于两个重要的原因：

第一，目前很多企业希望推行精益管理，特别是生产制造业。最近这两年，一些非制造业的企业也希望采用精益管理思想。但是，大部分企业在推行过程中常常是失败的。这种失败有两种解读：一部分人认为，企业不适合做精益，这是谬误；另一部分人认为是精益思想本身的问题，这当然是更大的谬误。推行精益，必须先了解精益。

了解精益，还不能停留在表面，要了解精益的精髓及本质要求。这就像我们经常在企业中所能见到的"看板管理"。现在的很多企业提精益必提"看板管理"，似乎看板管理就代表"拉动"，代表着精益。要纠正这些看法，就要真正认识精益，必然需要对精益进一步解读和培训，这就是编写这套书的第一个原因。

第二，企业推行精益常常没有全面系统的规划和能力储备。我们说，推行精益应该是一个系统工程，这中间需要各层级、各岗位人员协同进行。确切地说，一处精益，另一处不精益；一处效率高，一处效率低……这在精益思想中叫"精益孤岛"。精益孤岛的存在，本身就是不精益的表现。从系统协同的角度出发，每一个不同的群体、不同的岗位，都会有不同的任务要求，包括掌握不同精益技能的要求。而这个原因，正是我们这套书之所以依据不同对象、不同专业进行分册说明的背景所在。

如果企业试图推行精益管理，我们对企业的建议是：要做到全员懂精益要求（具备精益素养），从车间入手（选"点"突破）、由中层统筹，落实到企业大流程上来。这是一个基本逻辑和路径，另外，要掌握必要的精益技术和技能，并且要能够熟练运用。

依据这样一个路线图，我们把全员精益素质放在《基层管理者实用精益管理学》一书中来解读；把精益的突破点放在《车间主管实用精益管理学》中来讨论；把中层统筹工作放在《中层管理者实用精益管理学》中来解读。而最终，精益追求的是全企业的价值流精益，所以我们还要通过一个专题提供这方面的解读，这就是《实用精益流程管理学》。围绕着这样一个体系，每一个人当然还需要掌握技术技能，这就是《精益管理技能技术与实务》这本书的任务。

概括起来看，这套书服务于企业的精益管理工作有两个方面的任务：一是精益素养；二是推行方法。每一本书的定位、特征以及内容说明等，在单本书的前言中都有非常详细的说明，可供参考。

我想引申的是，中国企业目前已经到了全面实施精益管理的时候。特别是在全球工业4.0环境下，企业倘若连最基本的管理都不能精益，从何讨论实现全面的信息化、智能化、全网联通的建设呢？其基础何在呢？质量控制措施混乱、流程一团糟、车间生产毫无章法……在这样的情况下，谈竞争力、谈发展建设，都是空中楼阁。道理其实是简单易懂的：实现精益企业管理是工业4.0发展的必要阶段。依我看，这个观点特别适用于我们中国企业的发展阶段。

以上是为丛书说明，与广大企业共勉。

孙科炎

2016年1月于北京

前 言

基层是大问题

这是一本企业推行精益管理的培训普及读本。其目的是能够让基层管理者都知晓精益的价值和精益管理的要求，具备精益管理的素质。

精益是什么？"精"是指少投入资源、少消耗资源、少花时间，特别是要减少对不可再生资源的投入和耗费，保证较高的质量水平；而"益"则是指保证经济效益的多产出，实现企业升级的终极目标。

说起"精益管理"的概念，产生于丰田的生产制造现场，并在生产现场得到改善和推广。虽然精益在推广的过程中不断走向更加广泛的领域，但是精益管理应用最广泛的地方仍然集中在生产现场。换言之，基层是企业精益管理推行的最基本领域。这一特性决定了基层管理者必须对精益管理与推行作出巨大的贡献。

然而，在很多企业中，基层管理者往往是从基层员工提拔上来的，其知识、视野等方面存在较大的欠缺，致使其在日常管理中表现出诸多管理问题；而且精益管理对基层工作要求更加严格，基层管理者必须具备较高的业务能力，不断提高自己和其他基层人员的能力。但受限于人们的思维和行为习惯，人们可能并不乐于参与持续的、高素质要求的工作。这两点使得基层管理者在精益管理的实施与推行过程中遇到重重障碍，进而导致企业精益管理收效甚微。所以，如何帮助基层管理者具备推行精益管理的意愿和热情，掌握精益管理的思考逻辑，掌握精益管理的技巧，就显得非常重要。这也是本书作为培训教材的一个重要目标。

满足基层培养需求

本书主要面向基层管理者，培养目标是，帮助基层管理者了解精益管理的源头、精益管理的原因、推行原则、基本工具和技术等。在整个过程中，基层管理者应实现：了解基层精益管理系统，深刻解析精益管理学知识和实践方法，全面提升精益管理能力。为实现此目标，本书内容将表现出以下特征。

（1）强系统性。目前市面上关于基层管理者的书籍大多流于从意识、能力的角度告诉人们应该做什么，但却没有专著去集中论述基层精益管理的来龙去脉、起始布局。本书的突出特征是，系统诠释基层精益管理的基本逻辑体系，细化阐述精益管理系统和工作思维模式。

（2）强实用性。本书立足于企业基层工作，以实践性案例为载体，细致地阐述涵盖于内的精益管理理念、知识和工作诀窍，便于基层管理者一边联系实际，一边了解精益管理思想。对于基层管理者而言，本书的实用价值是非常高的。

（3）强逻辑性。本书著述的目的是帮助读者建立基层精益管理的基本逻辑，深刻解析基层精益管理的知识、理念、实践方法，尤其便于基层管理者建立起一套精益管理逻辑思维系统。

全方面提升精益意识和方法

基于上述目标，我们对本书进行了精细的策划。在本书中，我们将为读者解决六个问题：什么是精益管理？为什么要精益？精益怎么做？精益应该注意什么？如何自发做精益？如何维持精益？这也构成了本书的六大核心内容。

（1）什么是精益？精益求精是精益管理的核心思想，其行为可以归纳为：突破现状；消除浪费，创造顾客价值；发现问题并寻求改善。在本章中，将详细阐述精益管理的起源、发展、本质，并将其与基层管理中常见的精细化管理进行对比，检查二者的关联性。

（2）为什么要精益？企业存在的根本理由是能够为客户创造价值。精益管理的最终目的就是通过精益手段和工具，实现更多的价值创造。在这一章中，将深度讨论三个主题：为客户创造价值（价值创造是精益管理的基本方向）；浪费（消除浪费是精益管理的根本结果）；基层精益管理（有效的价值创造源于精益的基层管理）。

（3）精益怎么做？基层精益管理的主要作用对象是流程，精益生产的推广关键在于流程的塑造和优化，而精益管理的核心目标则是打造精益的"一个流"式的流程，将浪费降到最低。本章重点解决的问题就是"一个流"生产方式，以及围绕"一个流"生产方式而诞生的"拉动式生产"、"均衡化生产"等概念。

（4）精益应该注意什么？在推进精益管理的过程中，基层管理者需要考虑四个基本前提，即：在确保工作效率、产品质量和作业成本的基础上，尽可能进行创造性的改善。这也构成了本章的四大基本版块。

（5）如何自发做精益？精益管理的推行并不是单纯依靠企业推行，在这个过程中，员工作为工作主要执行者发挥着重要作用。因此，如何调动员工的精益化积极性，让人员支持精益推行，同时专注于个体价值流，确保其流向与企业价值流流向的一致性，这是基层管理者应当考虑的重要问题。在本章中，我们将帮助读者厘清在这方面的认知。

（6）如何维持精益？基层精益管理的推行必然是一场历史持久的战役。为了取得胜利，基层管理者必须帮助基层人员养成持续改善、不断进步的意识，并在这种意识与习惯的促动下，去取得全方位、更深入的精益管理成效。

致谢

本书的研究和出版工作是一个艰辛的过程，也是一个项目团队合作的过程。在这里，我们对为这本书研究出过力的专家，以及执笔团队给予最诚挚的敬意。对于读者朋友，如果您发现书中的不足之处，还请谅解，并提供批评意见以供我们改正。

我们的期望是，尽最大努力为中国企业基层管理者的工作实践提供一个系统、简要的说明。倘若这本书能够给管理者带来哪怕一点点的收益，我们也心有庆幸。谢谢各位参与者，谢谢读者朋友。

作者
2015 年 12 月于北京

目 录
CONTENTS

第 1 章　什么是精益 ··· 1
第 1 节　精益管理的本质 ·· 3
【案例 1】　精益管理的产生 ·· 3
【理念 1】　现状绝不是最好的 ··· 4
【案例 2】　丰田公司的精益探索 ··· 5
【理念 2】　消除浪费，创造顾客价值 ··· 7
【案例 3】　精益，从日本到美国 ··· 8
【理念 3】　不断改善的精神 ·· 9
第 2 节　精细化管理与精益管理 ·· 11
【案例 1】　细微之处可以积聚庞大的力量 ·· 11
【理念 1】　精细化管理 ··· 12
【案例 2】　将事情做到最好 ·· 12
【理念 2】　精益管理与精细化管理的区别与联系 ································ 14

第 2 章　为什么要精益 ·· 17
第 1 节　价值创造 ·· 19
【案例 1】　本田汽车的价值追求 ··· 19
【理念 1】　企业的立足之本 ·· 20
【案例 2】　福特汽车的没落 ·· 22
【理念 2】　从客户需求出发 ·· 22
第 2 节　浪费 ·· 24
【案例 1】　无处不在的浪费 ·· 25
【理念 1】　从系统的角度看价值创造 ··· 27
【案例 2】　某制造企业的精益改进 ·· 28
【理念 2】　用精益消除浪费 ·· 29
第 3 节　精益管理在基层 ·· 33
【案例 1】　走动管理 ·· 33

【理念1】	基层管理者的任务	34
【案例2】	大野耐一圈	35
【理念2】	从现场发现精益	37

第3章 精益怎么做 … 39

第1节 "一个流"生产 … 41
【案例1】	可乐罐的批量生产与等待	42
【理念1】	批量生产和批量处理的误区	43
【案例2】	没有价值的过程	45
【理念2】	价值流认识与分析	46
【案例3】	"一个流"改善	48
【理念3】	建设快速、小批量的生产单元	50

第2节 拉动式生产 … 53
【案例1】	保险杠的拉式生产	53
【理念1】	堆积的浪费	55
【案例2】	丰田的看板制度	56
【理念2】	拉动思维下的看板管理	57

第3节 均衡化生产 … 60
【案例1】	丰田公司按生产节拍供应物料	61
【理念1】	节拍的均衡控制	61
【案例2】	川崎造船的精益生产管理	65
【理念2】	生产负荷的均衡化	66

第4章 精益应该注意什么 … 69

第1节 效率的极限化 … 71
【案例1】	伊藤洋华堂聚焦配送效率	71
【理念1】	精益管理的效率要求	73
【案例2】	丰田的标准化作业	74
【理念2】	标准化助力效率提升	75
【案例3】	僵化的标准	78
【理念3】	关注标准化实施中的问题	79

第2节 品质的保证 … 82
【案例1】	丰田的质量门	83
【理念1】	永远不要忽视质量	86
【案例2】	石屋制果的逆境大反转	88

【理念2】	正视品质问题	89
【案例3】	日立电器的精益质量控制	91
【理念3】	发现问题的自动化技术	92

第3节 成本的控制 ... 96

【案例1】	铃木汽车矢志于成本控制	97
【理念1】	精益管理中的成本要求	98
【案例2】	丰田的成本控制导致的质量危机	99
【理念2】	降低成本不一定等于精益	100
【案例3】	成本削减以质量为前提	102
【理念3】	更全面的成本控制	103

第4节 创新与变革 ... 107

【案例1】	SEVEN银行敢于抛开金融常识	107
【理念1】	变革与价值创造	109
【案例2】	三一集团的技术创新	110
【理念2】	自主创造与借鉴	112
【案例3】	丰田的"保守"心态	115
【理念3】	技术应该起到协助作用	116

第5章 如何自发做精益 ... 117

第1节 人员推动精益 ... 119

【案例1】	不可或缺的精益人才	119
【理念1】	精益的深层动力	120
【案例2】	争取员工的信任	121
【理念2】	全员精益的思维导向	122

第2节 价值推动管理 ... 122

【案例1】	松下电器的"全员经营"	123
【理念1】	上下同欲者胜	125
【案例2】	丰田：共识下的决策	126
【理念2】	争取最多的支持	128
【案例3】	丰田的职业导师	129
【理念3】	培养拥护公司理念的团队	130

第6章 如何维持精益 ... 133

第1节 循序渐进的精益 ... 135

| 【案例1】 | 精益，改善是没有尽头的 | 135 |

【理念1】	精益永无止境	136
【案例2】	大久保恒夫的高瞻远瞩	138
【理念2】	精益无捷径	139
【案例3】	花王日化30年利润增长的背后	140
【理念3】	从小做起，多角度寻求精益	141

第2节 循环改善 …… 144

【案例1】	丰田的循环改善	145
【理念1】	建立循环改善系统	146
【案例2】	找到问题根源	148
【理念2】	彻底解决问题	150
【案例3】	丰田的5WHY分析法	152
【理念3】	深入探索问题原因	153

第3节 让精益成为习惯 …… 156

【案例1】	3U备忘录	157
【理念1】	养成随时记录问题的习惯	158
【案例2】	日本电装的TPM落实	160
【理念2】	全员参与到设备维护中	161

参考文献 …… 163

附　录 …… 164

第1章 什么是精益

古人讲"精益求精",是指让已经很好的东西更上一层楼,变得更好。一般做事如此,管理工作更应如此。精益求精,便是精益管理的核心思想。

解决的问题:
精益的起源与发展;
精益的本质;
精细化管理。

1

第 1 节　精益管理的本质

精益管理（leanManagement）是管理学史上重要的一种管理思想。当今的很多企业，尤其是美国、日本的企业极为重视精益管理——而且不仅仅是生产制造业，第三产业、服务业也在运用精益管理思想。中国企业正在经历转型升级期，据我们的观察，在经历了 2008 年的经济危机之后，国内企业对精益管理的重视正在呈现直线上升的趋势，这恰恰是由精益管理的价值决定的——这一点我们后面会有深入的说明。

问题是，推行精益管理必须要有了解、运用精益管理思想和方法的人才队伍。所以，企业中的每一个基层管理者应当从了解、运用精益管理思想和方法的角度，学习精益，并将之运用于自己的管理工作中。

谈到精益思想，我们要关注的第一个问题是：精益是什么。一直以来，对精益管理有各种各样的理解，但精益管理思想自始至终都存在三个基本理念：

（1）突破现状；
（2）消除浪费，创造顾客价值；
（3）发现问题并寻求改善。

案例 1　精益管理的产生

精益管理从它开始产生的那一天起，就是从对现状的突破开始的。

1950 年，在丰田汽车任职的丰田英二到美国工厂进行了为期 12 周的考察，原本以为自己会对美国工厂制造流程与方法的进步大感惊叹，但是事实却不然。

他惊讶地发现，自 1930 年到当时这 20 年间，大量生产方式竟然没有太大改变，即便这个生产制度本身存在很多缺点。许多生产设备制造了大量半成品堆放储存，需要等待一段时间才会被送到另一个部门，以更大的设备制程处理该半成品，然后又堆放一段时间，再送到下一个制程。

这样的生产方式造成了很多问题：这些步骤之间的中断导致大量材料成为等待输送的存货；所谓"降低每单位平均成本的效率"，不过是使设备和员工不停地生产，而这种大量生产同时又造成产出过剩和产品瑕疵等问题；到处可见的大型起重机卡车在搬运大批原料，工作场所缺乏组织与管控，工厂看起来更像是仓库……

这些问题被丰田英二看在眼中，但他没有时间表达感慨，因为，他看到了丰田超越的机会。丰田英二在他的考察报告中写道："那里的生产体制还有改进的可能。"并指派大野耐一："迎头赶上福特汽车公司生产力。"

这项工作恰好符合大野耐一内心中涌动着的偏执狂精神，他开始深入地研究一种新兴的生产方式。精益生产正在悄悄地孕育。

理念 1　　　　现状绝不是最好的

精益思想的产生有它的背景。

20世纪初，美国福特汽车公司创立了世界上第一条汽车生产流水线，它通过标准化、大批量的规模化生产方式迅速降低了生产成本，提高了生产效率，一举将汽车这种曾经属于少数富人的奢侈品变成了大众化的交通工具。自此，大规模的生产流水线始终被人们视为现代工业生产的主要特征。但是，自第二次世界大战以后，整个社会进入了市场需求多样化的新阶段，工业生产也随之向多品种、小批量的方向发展，单品种、大批量的流水线生产方式的弱点日趋明显。

这些弱点就集中体现在：

(1) 大批量地制造同质产品难以销售出去，造成大量的产品过剩。

(2) 客户需要小批量采购时，大批量生产无法适应客户的需求。

今天很多企业面临的经营环境也是这样的困境：消费者的需求不仅多样化，更新的速度也越来越快。我们今天很多生产加工企业当然更需要朝向多品种、小批量的柔性生产方向发展，这是企业竞争力的源泉所在。但是，在当时只有丰田公司看到了其中的机遇，开始寻求适应时代发展的新型生产方式，这才推动了精益生产的诞生。

关键在于，精益管理从一开始就是寻找突破，这是精益管理思想中最核心的理念之一。这一理念也意味着，现状绝不是最好的，管理者也好，员工也罢，都绝不能仅仅满足于现状。

辅助阅读

洛克菲勒与"38滴型"焊接器

世界第一个亿万富翁、被称为"石油大王"的约翰·洛克菲勒，年轻时在一家石油公司工作。初入石油公司，由于既没有学历又没有技术，洛克菲勒便被分配去检查石油罐盖有没有自动焊接好。这是整个公司最简单、枯燥的工序，公司里的人都说这是三岁小孩都能做好的工作。

第 1 章　什么是精益

洛克菲勒的主要工作就是：看着焊接剂自动滴下，然后沿着罐盖转一圈，再看着焊接好的罐盖被传送带移走。洛克菲勒对自己的工作非常负责，他从不曾偷懒耍滑。每一次，他都会认真观察罐盖的焊接质量。时间久了，他发现每当焊接器都要滴落 39 滴焊接剂之后，一个罐盖的焊接工作就完成了。然而，在计算过他观察到的每滴焊接剂的滴量之后，他发现只要 38 滴焊接剂就可以将罐盖完全焊接好。

经过多次观察，他确定自己计算的结果是正确的。因此，他开始着手研究只滴 38 滴焊接剂的焊接器。经过反复测试、实验，"38 滴型"焊接器最终成型。使用这种焊接器焊接的石油罐盖，质量和原来的一样，但是却可以比原先节约了一滴焊接剂。就是这一滴焊接剂，一年就可以为公司节约出 5 万美元的开支。

我们的工作中有很多看起来合理的现状。但只要深入思考，这种现状就未必是合理的。从常规事务中发现不合理之处，然后找到改变和突破现状的方法，就是一种进步，就是精益的一种精神体现。

案例 2　丰田公司的精益探索

精益管理的第二个本质特征是：增进企业的价值产出。这同样是精益思想最原初的思想源头，它的核心要求是：及时响应客户的需求，同时降低不必要的浪费。

第二次世界大战后的日本经济极度萧条，缺少资金和外汇。怎样建立日本的汽车工业？是直接照搬美国的大量生产方式，还是按照日本的国情，另辟蹊径，再寻出路？也许是从调研中发现了流水生产方式的缺陷，丰田开始寻求一种可以超越美国企业的生产方式，丰田英二指定大野耐一着手处理开展这个工作。自此，大野耐一开始了他的精益化探索之旅。

大野耐一的工作方式近似苛刻、残酷，他的办事方法更是人们闻所未闻的。在精益化推行初期，人们受旧有生产习惯的影响，绝大多数人都不愿意与大野耐一合作。据丰田生产方式资深顾问堀切俊雄回忆说："说实话，他让人害怕。当时大野耐一到哪个工厂，哪个工厂的领导就会躲起来！"庆幸的是，丰田的掌门人始终支持他，从而保证了大野的精益生产管理模式得以付诸实践，并取得了巨大的成功。

在丰富的工厂实地作业知识和企业上下的全力协助下，大野耐一在丰田新工厂中展开的生产方式获得了实质性的突破，使生产变得更为合理和有效。大野耐一生产方式有两个关键手段：准时化与自动化。

准时化

丰田汽车公司的创始人丰田喜一郎曾作出如此构想："诸如汽车生产这类综合工业，最好将每个必要的零部件非常准时地集中至装配线上，工人每天只需完成必要的数量即可。"大野耐一将丰田喜一郎这个思路灵活地应用到汽车生产现场，从而形成了一套严谨成熟的"准时生产"体系。

首先是生产线的整流化。大野耐一学习福特的流水线工作方式，将"以设备为中心进行加工"的生产方式改变为"根据产品的加工工艺来摆放设备"，形成专线生产，并计算出每个产品的节拍时间。所谓节拍时间，即如生产A产品，一天需要480个，一天的劳动时间是480分钟，那么就可以计算出，生产一个A产品的节拍时间是1分钟。有了这个节拍时间概念，生产线只要按节拍时间持续流动生产即可。节拍时间是TPS（丰田生产体系）中最重要的概念。

其次是拉动式生产。TPS之前的生产方式是生产计划部门把计划发给各个工序。由于各个工序发生故障的时间有所不同，导致个别工序生产的部件较多，而部分工序生产的部件又很少，这样一来，不仅会导致生产线运转不流畅，还会造成大量在线库存。

为了解决这些问题，大野耐一从美国超市的取货环节得到启发，开始了一种没有浪费的流程假设。基于这种假设，大野耐一创造了"从后工序到前工序取件"的流程，使"推动式生产"变成了"拉动式生产"——每拉动一下最后一道工序，这条生产线就紧一紧，从而带动上一道工序的运转，消除了库存。

对于大野耐一提出的准时化生产观点，丰田内部发出了一片质疑声。大家普遍认为，做得越多，生产能力才能提升得越快。而大野则坚持"做多了不行。只能在必要的时候做必要的产品"，他甚至做好了"不成功便成仁"的思想准备——"如果不成功，我会剖腹自杀谢罪"。从那时开始，大野到车间从来不佩戴安全帽。他说："如果背后有人想用锤子打我，戴不戴安全帽都一样。"

为了达到目的，大野耐一不断鼓动那些高级管理者。他的准时化生产方式得以实施，并慢慢地被接受。后来，大野耐一的管理方法取得初步实效，并在更大的范围内得到应用，大野耐一的周围也聚集了一些乐于参与精益推行的人。通过对生产现场的观察和思考，他们提出了一系列革新，如三分钟换模法、现场改善、五问法、供应商队伍重组等，最终建立起了一套适合日本的丰田生产方式。

自动化

第二次世界大战后，日本从欧美国家进口一些自动化设备。尽管是自动机械，实际上仍然需要在每台机床边配备一名员工负责看管设备，一旦设备出现故障，便立即叫修理人员来修理。大野耐一认为这种做法极为愚蠢。明明买来的是自动机械，益处却一点都没发挥出来。为什么不能让设备离开人的监视也能独立操作呢？他想到了丰田集团创始人丰田佐吉当年的发现：

以前的织布机在织造过程中，如果一根经线断了，或者是纬线用完了，必须靠人巡回检查然后停机处理，不然就会出现大量的不合格品。能不能给设备赋予类似人的"智能"，给它装上判断设备运行状态是否正常的装置，使之在出现上述情况时自动停机，从而提高劳动效率又减少不合格品？1901年，丰田佐吉开始研制这种自动跳闸的织布机。

在当时的条件下，丰田佐吉既没有顾问、助手，也没有专门的研究室或参考资料，而耗费了整整25年的光阴后，他终于在1926年研制成功了具有类似人的"智能"的自动织机。

受丰田佐吉的启发，大野耐一想到将传感器安装到机械上。但是，虽然安装了传感器，在设备暂停后却不知问题发生在哪里，于是班组长不得不来回在生产线中奔跑，寻找故障出处。为解决这个问题，大野耐一决定安装灯光显示板，即指示灯。这个指示灯与各个机床相连接，放在一个固定位置上，一旦出现异常，设备自动停车，并且技术人员能够在第一时间进行检修，大大地提高了组长及维修部的工作效率，保证了生产的正常进行。

"准时化生产"坚持在正确时间里传递正确数量的正确产品，这种生产制度降低了库存，使企业能够应客户的需求随时变化。而"自动化"实现了机器与人的完美结合，大大提高了生产效率。

理念2　消除浪费，创造顾客价值

1973年，受到中东战争的影响，世界石油价格高涨，日本经济下降到负增长的状态，整个汽车行业出现大量的库存。1974年5月，日本国内汽车销售量同期比下降了41%，汽车生产厂家也纷纷减收。在这一片惨淡中，丰田公司却实现了增收。

在媒体"不相信在这样的异常情况下实现增收。丰田难道有特殊的经营秘密吗"的论调下，丰田推行近30年的生产方式终于呈现在公众目光下。

丰田生产方式的核心是精益制造，精益制造的核心是什么？是消除浪费、创造顾客价值。准时化生产消除了库存带来的巨大浪费，自动化生产消除了机器设备和人力资源的浪费。这些浪费的消除极大地节约了丰田生产的成本，并实现了生产制造过程的优化，从而为丰田带来了巨大的成本竞争力。

在竞争日趋激烈的现代市场环境下，通过节约来实现盈利已经不再是冷门的论调，而是成为一种必然。在精益管理思想下，节约的效果更加明显，价值创造的成果也更显著。所以，精益管理的学习和推广势在必行。这也是丰田生产方式得到迅速传播的重要原因。

案例3　　　　　精益，从日本到美国

丰田生产方式发展起来后，在很长一段时间内一直被应用于日本国内，而未得到外界的重视。直至20世纪80年代，日本在制造业市场上的胜利使美国的制造业陷于危机，困惑的美国人才开始研究日本生产方面的经验。自此，精益管理得到进一步完善和推广。

麻省理工大学教授詹姆斯·沃麦克、丹尼尔·琼斯等人组织了世界上14个国家的专家、学者，花费了5年时间、耗资500万美元，探索大量生产方式与丰田生产方式的差别。后来，美国麻省理工学院的教授专家们在1990年出版了论述精益生产的经典著作《改变世界的机器》，正式提出了"精益生产"的概念，使这种管理方式受到全世界制造业的关注和推广。

1980年，美国福特汽车的亨利·福特退休，考德维尔和彼得森决定大力引进精益生产方式。他们在工厂的生产线上安装了停止按钮，任何工人一旦发现自己收到的或即将送到下一道工序的产品存在质量问题时，就即刻停止生产线。至1987年，福特汽车的盈利超过所有欧洲和日本汽车利润的总和。

克莱斯勒汽车公司在推行"精益生产"过程中，也取得了极为可观的成果。1994年，开发研制生产新车型所需时间从80年代的60个月缩短到31个月，缩短周期接近一半；新产品开发人员数量也缩减了一半；开发费用大大降低，仅为福特公司同类车型的1/6；产品的生产周期缩短到原来的3/5，同时产品质量有了较大提高。

美国汽车公司的经验表明，彻底打破传统的生产流水线和金字塔式的管理模式，推行"精益生产"方式，不失为企业在经济衰退时期走出困境的一个良策。

除了汽车工业，美国还开始在很多重要工业领域推广精益制造。1993年，美国军方提出"精益航空计划LAI"，开展政府指令性的活动，并在波音、洛克希德·马丁等军工企业内开始推行精益活动。

美国波音公司自实施精益制造管理模式后，波音737飞机总装时间被缩短到11天。波音公司将推行精益制造的737车间，分为两班工人24小时工作，通过流动生产和移动作业等方式总装飞机，各种飞机零部件都被有条不紊地布排在生产线旁边。

在737生产车间高处的柱子上，设有三盏与安全、质量相关的信号灯，分别是绿灯、黄灯和紫灯。当绿灯亮时，表示一切正常；当黄灯亮时，表示有一些问

题，需要技术人员在 15 分钟内解决问题；当紫灯亮时，表示出现了严重问题，所有生产线都需要停止运作，相关技术工程师要迅速赶到现场，尽快解决问题。

理念 3　　不断改善的精神

意识到差距之后，美国企业掀起了对精益生产的研究和推广热潮。而且，他们并未局限于对丰田生产方式的学习，而是继承了其不断改善的精神。

浪费总是存在，新的问题层出不穷。精益管理最基本的思想之一就是不断改善。

一些企业管理者自诩先进而一成不变地固守着曾经的辉煌，而丰田人无不谦虚地研究着各种新型产品、业务，不间断地开展着无数看似平常而收效显著的小改善。将几经岁月磨砺之后的结果加以对比，二者之间的偌大差距便不可回避地凸显出来。

丰田汽车原总裁张富士夫曾说："我们最重视的是确实执行与采取行动。我们尚未了解的事情还很多，因此，我们总是要求员工：何不采取行动，尝试不同的方法呢？当你诚实面对自己的失败时，才会了解自己所知甚少，你可以矫正那些失败，再做一次，在第二次的尝试中，你会发现另一个错误或自己不满意的事，然后，你可以再尝试。于是，借助不断改善，或者应该说是靠不断尝试的行动以获得改善，就会使自己的能力与知识得以提升。"

这段话绝非浮华的辞令。事实上，上自高层主管，下至基层员工，丰田汽车鼓励全体人员不断发挥其进取、改善和创新精神。而丰田汽车推行精益化的一个关注重点也是员工是否能为自己的流程提出改善意见。

如今，改善已转化为丰田人血液里的遗传基因，完全未因时代的变迁而有一丝一毫的削弱。以广汽丰田为例，2009 年共采纳和实施了 81 639 个创意提案，提案内容涉及品质、流程、工艺、安全、环境保护等多方面，小到 10 厘米胶布的调换，大至对管理体系的改善，为企业带来有形经济效益 546 万元。丰田人的自主改善与创新精神，为丰田汽车赢得了不竭的发展动力。

美国企业的精益改善似乎做得比日本更好。专家们认真研究丰田生产方式，并结合美国企业的实际情况，将丰田生产方式改造为"精益制造"或"精益生产与管理"。一些企业甚至将精益生产方式与本公司实际相结合，创造出了适合本企业需要的管理体系，例如，1999 年美国联合技术公司的 ACE 管理（获取竞争性优势）、精益六西格玛管理，1998 年通用汽车的竞争制造系统等。

此外，美国人把精益思想推向了各个行业。精益管理先后成功地在建筑设计和施工、服务行业、民航和运输业、医疗保健领域、通信和邮政管理以及软件开发和编程等领域得到应用，精益生产系统也在不断改良下日趋完善。

如果说丰田生产方式是精益管理思想的起源，那么美国的研究则是对精益管理思想的发展和完善，而这个过程本身就是一种精益思想的体现。不论是精益本身，还是对精益的精益，其不断改善的核心思想都是值得我国企业学习的。

辅助阅读

索尼的成长与突破

1946年，索尼公司于废墟中正式开张，索尼公司的工程师们在盛田昭夫的领导下，潜心对当时不被看好的晶体管技术进行开发与研究。

1956年，工程师们开发出世界第一台晶体管收音机"TR-55"，索尼公司营运由此渐入佳境。1979年3月，又对收音机做出了改进。他们拆掉了收音机上的喇叭、录音设备，创造出了体积更小的录音机，推出了Walkman（随身听）。再后来，为了解决当时彩电画面不够清晰的问题，井深大与索尼工程师们共同研究，发明了特丽珑技术……

可以说，从创业之初，索尼人心里便被种下了改善的种子。随着这粒种子的生根、发芽，索尼人不断地改善着产品的质量，创造出属于自己的标志性产品，甚至在很长时间里使得索尼在行业内独领风骚。

即便到了现在，索尼人仍然在思索着如何改善。而最为惊人的改善，莫过于2005年的掌权人更迭——出井伸之隐退，出生于威尔士的美国人斯金格成为新的掌权人，这位铁血的战略领导者开始领导索尼上下进行大刀阔斧的改革。

2010年初的美国拉斯维加斯CES国际消费电子展上，索尼公司清楚地传递出两个信号：开放和3D（三维）。关于前者，主要是指索尼工程师们借用对手Flip Video（思科旗下的一款高清便携口袋摄像机）的创意来加以改良，推出了口袋大小的摄影机bloggie（博乐客），配备内建的USB端口。而3D更是索尼人打造"统一的索尼"的切入点。2000年夏天，索尼公司改进出一种新型、轻便的3D摄影系统，卡梅隆等人用这套设备拍摄了《深渊幽灵》、《深海异形》两部IMAX 3D电影纪录片，从而为《阿凡达》的拍摄造就了硬件条件。

索尼公司创造的这两大改善成绩，打破了外界对其"老态毕现"的评论，在3D技术以及IPTV（交互式网络电视）等领域跻身于世界领先地位。

与丰田、索尼同样知名的日本企业还有很多，如NEC（日本电气股份有限公司）、松下等，他们的企业内部也无不充盈着改善的精神，这些企业人在改善执行的过程中让改善本身获得了更高层面的精神价值和实践价值。

第 2 节　精细化管理与精益管理

粗放式管理是指企业的生产经营过程没有一套细致、完善的标准和规范，管理活动效率较低的管理方式。精细化管理则是以精细操作和管理为基本特征，追求企业高效益的管理方式。

一般认为，泰勒的科学管理是最早的精细化管理。后来，社会分工的细化、服务质量的细化推动了精细化管理的发展，精细化管理思想逐渐形成。

从发展演变过程看，精益生产思想对精细化管理思想的产生具有一定的推动作用；从内容来看，精细化管理强调"细致"，而精益管理强调"价值创造"。当然，精细化管理的一个重要目的也是价值创造，但是更加强调实现价值的过程。可以说，精细化是精益管理的一种手段。

案例 1　细微之处可以积聚庞大的力量

在大野耐一推行精益管理的过程中，流传着这样一个小故事。

"A，拿着那个箱子跟我来！"

在生产现场监督改善的新员工 A，突然被大野耐一这样叫了一声。这时，大野耐一已经开始快速地向前走，A 赶紧拿起木箱子跟了过去。

大野一边巡视生产线，一边往前走。现场工作人员都非常害怕，低头默默地工作。A 则拿着箱子紧跟在大野身后。这让人感觉非常滑稽。

终于巡视了一圈，回到开始巡视之处。大野开口道："你没有看见生产线旁边散落的零件吗？""看见了。""那为什么不把它们捡起来？""您只是说让我跟在后面，并没说要把它们捡起来……""赶快再去走一圈，把零件全都捡起来！"

于是，A 又拿着箱子回到生产线，把零件全部捡到箱子里，回到大野耐一面前。大野耐一从中拿起一个零件放在手中，问道："知道这个零件多少钱吗？"A 那时只是一个刚刚加入丰田的新员工，对于零件价格一无所知。

"我现在把箱子里零件的价格告诉你，你来算算一共有多少钱。"

A 赶紧将大野耐一说出的数十种零件的价格一一计算出来，没想到，计算结果让他非常惊讶：那些看来毫不起眼的、散落在生产线的螺丝、按钮等零件，似乎都不值几个钱，但是加起来后竟然得到了一个庞大的数字。

理念 1　　　　　　　　　精细化管理

我们都有这样的感觉，钱不知什么时候就花没了。我们今天逛了个商场，昨天吃了一顿饭……不知不觉，钱已经花费在这一件件的小事上。

粗放式管理由来已久。在改革开放之初，首先下海经商的一批人通常没有学习正规的管理知识，只是凭着一股闯劲开拓天地。那时，愿意舍弃稳定的或者保险的工作陪你投身商场的，大多是朋友、亲戚。这种背景下形成的团队其凝聚力来源于相互的信任。没有条条框框的规矩，大家患难与共，凡事商量着来。当企业发展起来之后，这些"江湖习气"也留存下来，难以被纠正。

在这种氛围下，抓大放小，不管细枝末节也是企业管理的基本作风。也没有谁去关注一个零件掉在了地上，今天买材料多花了一块钱。当然，那时的市场竞争没有现在这般激烈，管理者的关注重点也难以聚焦到小事上。然而，正是这些细枝末节造成了巨大的浪费，却没有引起重视。"集腋成裘，聚沙成塔。"我们念叨了百年千年的古语却依旧没被付诸实施。

这是一种常态的管理，一种粗放式的管理。

但是，当企业的利润逐渐变薄时，成本开始走进人们的视野。企业不得不关心起小事，因为如何控制成本，已经成为迫在眉睫的问题。于是，企业关注点变小了，管理随之越来越聚焦，管理行为越来越细致，从粗放式到精细化的管理转型悄然发生。

粗放式管理的最大缺陷就是造成了巨大的浪费，而精细化管理恰好弥补了这一缺陷。因此，精细化管理的产生具有必然性。

案例 2　　　　　　　　　将事情做到最好

追求完美的劳斯莱斯

劳斯莱斯公司是世界顶级豪华轿车厂商，于 1906 年成立于英国。劳斯莱斯成为英国王室御用车型已有数十年历史，如爱德华八世、伊丽莎白二世、玛格丽特公主、肯特公爵等英国王室成员大多选用了劳斯莱斯的汽车作为座驾。

而劳斯莱斯公司之所以能够获得此行殊荣，完全源自其汽车的高贵品质。对此，公司创始人亨利·莱斯曾说过："车的价格会被人忘记，而车的质量却长久存在。"

劳斯莱斯堪称"世界上最完美的汽车"。它大量使用手工劳动，一直到今天，劳斯莱斯的发动机还完全是通过手工来制造的。更令人称奇的是，劳斯莱斯车头散热器的格栅，完全是由熟练工人借助手和眼来完成的，不用任何丈量的工具。如此一来，一台散热器的制造，往往需要一个工人用一整天的时间初步完成制造，然后再用5个小时来进行细致加工。

劳斯莱斯公司追求完美的例证，不仅限于此。例如，每辆劳斯莱斯车头上的那个吉祥物——带翅膀的欢乐女神，它的产生与制造的过程也显现出其对完美的不懈追求。据说，该吉祥物的制作过程极为复杂——采用古老的蜡模工艺，完全手工铸模烧制成型，经过至少8遍的手工打磨后，还需放在特殊容器中继续研磨64分钟。劳斯莱斯对完美的执著，由此可见一斑。

追求"至善至美"看似非常繁琐，但却恰恰是它，使得劳斯莱斯公司直至今日仍然在汽车业界里立于不败之地。这也给企业及其员工以启示：无论从事什么工作，都要全力以赴。只要能百分之百做到的事情，就不要完成99%。

一点瑕疵也不留

一家美国公司在中国某玻璃厂订购了一批价格昂贵的玻璃杯，为此美国公司专门安排了一位监督人员来监督玻璃杯的生产过程。而来到这家工厂后，这位监督人员发现，这家玻璃厂的技术水平和生产质量堪称"世界一流"，出厂的产品几乎件件完美无缺。

一天，他来到生产车间抽查工作。他发现有一部分杯子被工人们从生产线上挑了出来。他拿起这些被挑出的杯子仔细看了一下，并未发现这些杯子有何特别之处。于是他好奇地问："这些挑出来的杯子是做什么用的？"

工人一边工作一边回答道："这些被挑出的杯子都是不合格的次品。"

美方监督人员非常不解："可是我没有发现这种杯子和其他杯子存在什么不同之处啊！"

"你看，这里多了个气泡，这说明杯子在吹制过程中漏进了一点空气。"

"但是这个小气泡并不影响使用，不是吗？"

工人很自然地回答："工作必须精益求精，不允许存在任何缺点，哪怕是客户看不出来的缺点。"

"那么这些次品一般能卖多少钱？"

"一元钱左右。"

当天，这位监督人员向美方总公司汇报："一个完全合乎我方检验和使用标准、价值20元的杯子，在无人监督的情况下，用几乎苛刻的标准被挑选出来，而后只卖一块钱。这样的员工和企业有什么不可信任？我建议公司与该厂马上签订长期供销合同，我也没有必要继续留在这里了。"

理念 2　　精益管理与精细化管理的区别与联系

在这两个例子中，两家企业都是追求产品的完美，都遵循精益求精的基本理念。事实上，任何一家想在竞争中取胜的企业，都必须力争精益求精。只有员工将工作做到位，提高工作效率和工作质量，企业才能获得持续发展的契机。

在实施精益化的过程中，我们还会遇到精细化管理这个概念。那么，精益管理与精细化管理是一个概念吗？

从本质上来说，精细化管理和精益管理都是追求精益求精的管理方式，其目标都集中于企业效率的提升和成本的降低上。但是，二者侧重点略有不同。

精细化管理是社会分工细化的结果，也是客户需求细致化的必然要求。精细化管理是一种以最大限度地减少管理所占用的资源和降低管理成本为主要目标的管理方式。在推行上，精细化管理强调管理工作的细化，强调对细节的管理。但是，精益管理显然更加深入。我们可以这样理解：精细化管理强调管理的细致性，集中表现为具体工作、责任、管理方式等的细化；而精益管理强调对价值的追求，是基于企业文化和价值观的管理方式。

实际上，精细化管理可以看成是精益管理的一种手段，一个要求。精益管理更进一步。为了实现精益的目的，最基本的就是推行精细化管理。因为精益是从小的、有浪费的地方寻找价值点，在此之前，细致地分析企业流程，细致地进行管理是必要的。只有细化了，才更容易发现问题，发现价值点。

辅助阅读

100%的合格率

1997年8月，海尔公司将33岁的魏小娥派到日本学习世界上最先进的整体卫浴生产技术。在学习期间，魏小娥发现这样一件事：在试模期，日本公司的废品率大多在30%～60%；设备调试正常后，废品率也有2%，合格率还是达不到100%。这显然与海尔的标准不同。

于是，魏小娥问日本的技术人员："为什么不把合格率提高到100%？"

"100%？你觉得我们没有努力过吗？你看看，卫浴产品的生产现场如此脏乱，根本没办法改善，我们能做到2%的废品率已经是非常不错了。"日本人回答道。

这时，魏小娥才意识到，合格率达不到100%，并不是因为日本企业的技术欠佳，而是因为生产现场脏乱的问题。

三个月后，魏小娥带着先进的技术和合格率100%的信念回到了海尔公司。

在海尔公司，魏小娥的目标很明确，生产出合格率为100%的卫浴产品。因此，不管是上班时间还是休息时间，她的脑子里所想的都是如何提高模具的质量。

一天晚上下班回到家后，她看到女儿正在用卷笔刀削铅笔，铅笔的笔屑有序地落在一只小盒里。她愣愣地看着卷笔刀，突然想到了一个解决"毛边"的办法——把压出板材后清理下来的毛边直接收入一只"废料盒"中。她立即跑回书桌前，在灯下画起了图纸。第二天，一只专门收集毛边的"废料盒"诞生了。这个废料盒可以轻松地收集毛边，避免毛边落在工作现场或原料上，从而有效地解决板材的黑点问题。

这一技术难关攻克后，海尔公司实现了连日本公司都难以达到的一尘不染的生产现场以及卫浴产品合格率100%的目标。

100%的目标看似不可能，但是通过努力也有可能实现。最大程度地消除浪费，追求绝对价值，就是精益管理的基本思想。

第2章 为什么要精益

企业存在的根本理由是能够为客户创造价值。精益管理的最终目的就是通过精益手段和工具,实现更多的价值创造。

解决的问题:

为客户创造价值;

浪费;

基层精益管理。

第 1 节　价值创造

很多人认为"做精益化"就是控制企业成本，而企业成本控制是无须与客户打交道的，所以，"如何为客户创造价值"自然与"做精益化管理"毫不相关。其实，这是一个思想误区。企业需要明确的是，在将产品从生产到销售给客户的过程中，除了必须拥有生产产品的场所、生产者、机器设备和生产原料外，还有一个非常关键的要素，就是最终购买产品的客户。

满足客户需求是支持企业长期存在的必要条件。

企业必须站在客户的角度谈论价值，才是有用的。但是很可惜，很多企业在定义价值的时候通常着眼于股东利益、企业的财务指标，而在最根源的客户的角度所谈甚少。比如说，当一家手机制造企业变着法地向手机上填充高科技时，他们很少会考虑到客户是否对此有需求。他们被蒙蔽的眼睛通常过分关注所谓的高品质、高科技，而忽视了客户是否能够驾驭这款产品。就好像向一位不懂网络的老年人推销一部 4G 手机，这简直是企业和客户的双重浪费。

所以说，客户这个要素恰恰是精益管理的核心所在。

案例 1　本田汽车的价值追求

从创业之初，本田汽车一直本着"让世界各地顾客满意"的理念，不断开拓自己的事业。

丰田曾提出了一个开发理念："升华为世界价值的日本独创"，而且在生产现场以不断完善为目标，追问自己存在的意义。如果丰田既追求在竞争中取胜这一相对价值，又意识到绝对价值，那么本田就是坚持"以自己的绝对价值为目标"的代表，所以才会反复不断、永远地进行挑战。

本田汽车公司是在何时正式提出这个观点的呢？

1970 年，研发低公害型 CVCC 发动机时发生了有关相对价值和绝对价值的事情。当时，美国议会公布了防止大气污染法。其中规定，要在五年内将汽车排放尾气中的公害物降到 1/10 以下。

全世界的汽车制造商都说"几乎不可能"。但是，本田宗一郎经理却到处激励说："这是与美国三大汽车制造商并肩作战的千载难逢的机会。"参与研发低公害汽车的工程师们却有别的想法：既不是为了战胜美国三大汽车制造商，也不是为了公司，而是为了给未来的孩子留下一片洁净的天空。正是这种使命感使他们积极进行艰苦的研发工作。

事实上，大多数人的想法往往不知不觉地倾向于"企业本位"，容易追求相对价值。而工作在本田汽车制作一线的工程师们却由于追求绝对价值，率先在全世界研制成功了低公害发动机。

当企业以"在竞争中取胜"这一相对价值为目标时，那么价值实现之时可能就是停止追求之时，也是企业衰竭之时。而追求绝对价值时，这种追求本源的问题却是："我们为什么而存在？"这种疑问既具有普遍性，还与未来有着密不可分的关系。

就这样，"追求绝对价值"这一理念，承载着本田汽车上下一致追求的目标，促使本田汽车一步步成为典型的、优秀的精益制造企业。

理念1　企业的立足之本

我们知道，企业区别于其他组织的基本特征是盈利性，这是企业存活的基础。企业是怎么获得盈利的呢？是通过向客户提供产品或服务。而更加准确地说，盈利只不过是一种表现形式，企业存活的关键是因为它有存在的价值，这种价值的外显就是企业可以获得盈利。那么，如何判断一家企业是否有价值呢？从源头上看，就是对消费者有用。一家企业要是对客户没用，它所生产的产品对客户来说毫无价值，那它也就没有了存在的必要。

所以说，为客户创造价值是企业的立足之本。

到底什么是有利于客户的事？一家企业在进行市场调查和定位的时候，通常是从客户需求分析开始的。但是，并不是每一个企业都能够时时处处从客户的角度考虑问题。因为企业往往会陷入对自身相对价值的追逐中。正如本田汽车的案例，当企业从相对价值的角度出发时，很多事情是被忽略、被放弃的。而本田的工程师们则把工作的价值定位在"为孩子留一片洁净的天空"上。这时候，价值创造的过程将会更加有意义，而最终的结果也会受到更加广泛的认可。

本田提出"追求绝对价值"，苹果提出"主动告诉消费者他们需要什么，不能消极地等待消费者的信息回馈"，这些理念告诉我们，任何一家想要推行精益管理的企业，甚至于任何一家普通企业，其生产经营活动的开展都要时刻从客户角度出发，换言之，客户要什么，我们就给他们什么。

连续多年在世界500强中排名第一的沃尔玛，有人将其成功经验总结为三条，即：低价策略、日落原则和微笑服务。这三条秘诀其实也可以归纳为一条，那就是优秀的客户文化。沃尔玛的创始人山姆·沃尔顿曾对他的员工说："客户能够解雇我们公司的每个人，他们只需要到其他超市消费，即可做到这一点。衡量我们成功与否的重要标准其实很简单，就是我们让客户满意的程度。"

我们常说："为客户而战。"意思就是说，我们的工作要以满足客户需求、增加客户价值为出发点，在工作过程中，对客户的消费能力、消费偏好以及消费行为的调查分析，重视新产品的开发和营销手段的创新，以动态地适应客户需求。只要我们的产品或服务质量能够获得客户最大的满意，那么我们便是在以最小的投资获取最丰厚的利润，这无疑是最精益的了。

辅助阅读

顾客导向的精益思维

丰田汽车销售公司神谷正太郎曾说过这样一段话：

从汽车销售业务中获益者的优先顺序应该是顾客第一，经销商次之，最后才是制造商，这种态度才是赢得顾客与经销商的信赖，并最终为制造商带来成长的最佳方法。

这段话贴切地反映了他毕生倡导并深深影响他人的"顾客至上"的理念。所谓"顾客至上"，是指一切企业活动都应以顾客为中心而开展。这种理念反应到精益管理活动中，则是指以顾客价值提升为核心，发现改善主题，提高管理水平。这是精益活动推行的前提条件之一，也是协同实施精益管理时必须坚持的宗旨。

以日本汽车制造业者的促销活动为例，他们采取的传统方法是挨家挨户地拜访、面对面地销售。但是后来，为了让顾客获得更好的服务，汽车销售人员们决定改变这种销售方式。由于他们拥有顾客的详细资料，这便使他们非常清楚何时登门销售最适宜。例如，当顾客即将到取得驾照的年龄时，汽车销售人员便会与之建立联系，提供顾客可能需要的丰田车款。这种服务使之与顾客建立了稳定的联系。当顾客确实需要汽车维修服务时，他也多半会向销售员求助，而不是直接联系那些不甚了解的维修部门。这种情形非常契合丰田公司对顾客关系的期望。

后来，丰田公司又建立了专门的经销商系统，以教导员工如何从顾客的视角来发现问题，并据之提出有效的改善措施。事实证明，唯有坚持"顾客至上"的理念，始终以顾客为导向去发现问题，提出并实施改善措施，才能有效提升产品或服务价值。

丰田这种"顾客至上"的改善思想，帮助丰田争取了极大的市场份额。这也启示着我们：要想如丰田公司这样实现不断成长，就应该在"顾客至上"的理念指导下，对团队加以很好的利用，并营造出一种团队合作的新环境。

案例 2　　　　　　　　　福特汽车的没落

福特汽车从全美第一大汽车制造商降至第三位，就是因为固执地坚持生产不再符合消费者口味的 T 型车，使得其他的厂商有机会抢占市场份额。

福特公司于 1908 年 10 月推出 T 型车，亨利·福特首创了流水线生产 T 型车，极大地缩短了汽车装配时间，大幅降低了汽车的价格。当时汽车售价约 4 700 美元，而福特汽车一开始的价格就仅有 850 美元，并且最终降到了 260 美元。

1921 年，T 型车的产量已占世界汽车总产量的 56.6%。福特公司成为美国汽车行业的老大。

但是到了 20 世纪 20 年代中期，美国汽车市场基本形成了买方市场，道路及交通状况也大为改善，简陋而千篇一律的 T 型车虽然价廉，却已经不能满足消费者的需求。面对市场变化，福特仍然顽固地坚持单一品种、大批量、精密分工、流水线生产的生产方式，他甚至不愿意生产除黑色以外的其他颜色的汽车。

竞争对手通用汽车公司开始在汽车的舒适化、个性化和多样化等方面大做文章，以此来对抗廉价的福特汽车。新款雪佛兰汽车一上市就大受欢迎，严重冲击了福特 T 型车的市场份额。

从 1927 年开始，福特公司因为产品大量积压，被迫停产。重组生产线，耗用了福特 1 亿美元的资金和 16 个月的时间。等到 1933 年，福特的新车上市时，福特已经落在了通用和克莱斯勒之后，成为美国第三大汽车公司。

1913 年，福特开发出了世界上第一条流水线，这一创举使 T 型车产量一共达到了 1 500 万辆，缔造了一个至今仍未被打破的世界纪录。而福特先生也为此被尊为"为世界装上轮子"的人。

任何人创造了这样的传奇，都会骄傲。但是忽视市场的变化，终有一日会恍然发现，那些曾经取得辉煌、得到推崇的产品已经不再符合消费者的口味了，但是为时已晚。

理念 2　　　　　　　　　从客户需求出发

福特不顾客户需求坚守 T 型车的代价就是丢失了大量的市场份额，而通用汽车的后来居上则是迎合顾客需求的结果。事实表明，"得客户者得天下"，而争取客户的关键就是从客户的角度出发，了解客户的需求。下面这个例子更直观地表现了客户所需与企业所想的断层。

丰田汽车通过调查发现，那些事业有成地位卓著的成功人士通常不会考虑购买丰田汽车。因为当时，丰田汽车虽然具有高品质、省油、经济等特点，但是完全不符合豪华汽车的特点。当时日本车给公众的印象就是实用、可靠，但绝非豪华车。为了打开豪华车市场，丰田进行了详细的客户调查。

丰田发现，20世纪80年代豪华车车主在购车时所考虑因素的重要顺序如下：身份地位和高端形象，高品质，转售的价值，车的性能，安全性。可以看到，豪华车的客户群最关注的车的特点是其高雅的外观和优越的品质。了解到这些后，丰田的研发目标集中起来：拥有高贵典雅的外形，同时要想超越其他豪华车品牌比如奔驰，还必须拥有比他们更胜一等的品质和性能。最终，"凌志"问世，成为当时美国市场上最畅销的豪华车。

通过这个例子我们发现，不一样的客户对产品的期望是不同的，以前那种一味地追求高品质、经济省油的思维也许并不适合另一人群。只有切实调查目标客户的需求，才能创造出对他们来说最有价值的产品，也就实现了企业价值的创造。

那么，在精益管理的过程中，如何更好地倾听客户需求、为客户创造价值呢？请记住：下一环节即客户。这句话有两层含义，一是我们的一切工作或活动都应该由客户需求来驱动，二是下一环节也是上一环节的客户。

以客户需求为导向

我们工作的目标是生产客户想要的产品或提供客户需要的服务。所以，我们应遵守"客户需要什么样的产品和质量，我们就生产什么样的产品和质量"的规律。这样即可保证产品或服务完全是客户所需的，为客户创造更大价值，对精益管理起到引导和控制作用。

华为公司有这样一条理念："为客户服务是华为存在的唯一理由。"为鼓励大家积极收集高价值客户需求，他们甚至专门设立了"最有价值需求奖"。

"最有价值需求"是根据《"最有价值需求奖"评选管理规定》所设定的评选标准，筛选出对公司产品、解决方案、业务运营、服务、商业模式等具有最高参考价值的需求，而后对提交者进行表彰，从而在公司内形成关注客户需求的良好氛围，促进相关部门把握市场机会点，从而实现华为公司和客户的双赢。

在这种思维方式下，所有环节的操作都是为了满足"客户"需求，将满足客户需求作为自己工作的直接目标。

下一环节是上一环节的"内部客户"

"下一环节就是客户"，这表现在以客户为导向的整体企业活动上，还表现在上下工序环节之间的衔接上。

从业务链条上看，上下游环节之间天然存在一脉相承的关系，而下游环节需要上游环节的支持。如果上游环节不能为下游环节提供满足需求的产品或服务，那么下游环节将难以进行持续作业。试想，如果 A 环节交给 B 环节一件不合格品，B 环节照单全收，那么最后可能产出让客户满意的产品吗？

伊利内部有个很有特色的文化，即提倡"下一环节就是客户"的内部客户服务理念——在总部与业务单元之间、不同业务单元之间、部门之间、上级与下级之间、同事之间，树立互相服务、彼此协作的思想，以解决服务对象的实际问题为工作导向，摒弃官僚主义作风，形成"上游为下游，职能为直线"的服务链，协力将满意服务传递给终端客户。

如果我们没有为下一环节提供服务的意识，就必然影响本环节的作业水平，从而影响对外部客户的服务质量，最终导致企业价值受损严重。所以，我们必须在企业中形成"下一环节即为客户"的服务思维，在部门与部门之间、员工与员工之间，建立明晰的客户关系，将客户导向引入日常工作管理中。

综上，参与精益推行的过程中，我们既要从外部客户的角度来思考，为之提供最优价值；同时，也要将下一环节作为"内部客户"，为之提供满意的产品或服务，因为这些产品或服务很可能影响最终客户的满意度。无论是外部客户还是内部客户，如果未能达成客户的需求，那么就是对企业价值无贡献甚至有害的，就是违背精益价值创造这一本质的。

第 2 节　浪　费

上一节讲到，企业的盈利来源于客户，这是因为我们为客户提供了其所需要的价值。那么回归到企业中，企业是如何进行价值创造的？溯本追源，价值创造的直接来源是生产过程（服务型企业的价值来源是服务过程，而服务可以看作一项特殊的产品），因此，生产过程是企业管理关注的焦点。但是，在进行价值创造的过程中，总会出现大量的不产生价值的浪费，成为企业管理的大敌。为了解决浪费带来的困扰，精益管理被广泛引用。

准确地定义浪费是精益的关键步骤。根据客户导向思维，有价值的行为即能为客户顺利有效地使用该产品作出贡献的行为，而这之外的行为或消耗则属于浪费。大野耐一把浪费定义为 7 类，分别是：过量生产的浪费、库存的浪费、质量缺陷的浪费、动作的浪费、加工的浪费、等待的浪费、运输的浪费，这些动作都不会产生价值。具体说明如表 2—1 所示。

表 2—1　　　　　　　　　　大野耐一提出的七大浪费

序号	浪费类型	类型说明
1	过量生产的浪费	过量生产是最严重的浪费行为。它生产出没有需求的产品，造成存货和各项资源的浪费，还会隐藏各种问题。
2	库存的浪费	库存不仅占用了空间，还需要额外的机器及设施、人员来操作及管理。库存给人安全感，却导致存储、陈旧、损毁等成本。
3	质量缺陷的浪费	任何不良品的产生，既干扰了生产活动，又会造成材料、机器、人工等的浪费；及早发现不良品，确定不良来源，才能减少不良品的产生。
4	动作的浪费	人体的任何动作如果没有直接产生价值，就是一种浪费。比如毫无效率的寻找、走动等。
5	加工的浪费	有时，不适当的设计也会衍生加工本身的浪费。机器加工过程过长或过分加工、去毛边的动作，都是加工浪费的例子，这都是可以避免的。
6	等待的浪费	生产线不平衡、缺料、机器故障，使得操作员停止生产，或者机器在进行价值的加工，而操作员只是在旁边监视，这都属于等待的浪费。
7	运输的浪费	现场离不开运输，但是有些运输属于不必要的运输。比如经常性地搬运物料。

这 7 类浪费被人们称为生产现场中最为常见的浪费现象。这些浪费无疑为企业的价值创造过程造成了大量的负担，因此成为精益管理中致力于消除的部分。

案例 1　　无处不在的浪费

浪费现象无处不在，下面我们列举几种常见的浪费现象。

物料的浪费

在第一章大野耐一要求员工收集散落零件的例子中，我们知道浪费现象往往不被重视，而细小的浪费堆积起来，同样会形成巨大的成本。

某模具制造厂主要负责模具制造，使用的原材料都是高价进口的钢材，因该厂对定期在线产品、废品和库存没有进行及时清查和处理，致使一些废品、次品被长期零散地放置或丢弃在全厂不同的生产机台或角落里，不容易被人发现。某月，该厂对所有物资、产品进行了一次彻底清查，结果发现：几年来，该厂竟有近100吨次品滞留在车间，除部分可以经过再加工使用外，大部分只能当废品卖出。可是，由于目前钢材价格下跌，废钢价格还不足原钢价格的30%……

通常，我们所关注的浪费都集中在物料的不当消耗上，但是浪费远不止这些。

时间的浪费

在美国，有人对机械行业进行多次调查后发现，从物料进厂到成品出厂的整个生产周期中，直接加工所需工时仅占2%～5%，而装卸、运输、工序间停留、仓库储存的时间却要占95%以上。即使以直接加工工时为5%来分析，在这个比例的有效时间内，也只有20%～30%才是处于加工状态。也就是说，真正的加工时间仅占整个生产周期的1%～1.5%，而其余绝大部分时间都消耗在装卸零部件、工装调试、工夹卡具的调整等辅助工作方面。如果粗略统计搬运工作所需费用，约占工业产品总成本的20%～50%，而这部分费用的支出完全不能创造任何价值。这就是无效的时间浪费。在前面提到的7类浪费中，等待、搬运、无效的动作等都会造成时间的大量浪费。

智慧的浪费

实际上，除了大野耐一提出的7种基本浪费形式外，精益管理者们还添加了一类重要的浪费：员工智慧的浪费。在下面这个例子中，一线员工的智慧往往可以找到更精益的方法。

著名的日化企业联合利华在生产线上遇到了一个难题。联合利华生产香皂的生产线香皂盒出现一定比例的漏装现象，也就是说，有些香皂盒里没有装香皂就下了生产线。针对这个问题，联合利华召集了几位博士学位的工程师来攻克这个难题，经过半年多的努力，耗资数百万美元后，解决方案终于出来了：在生产线上设置了一个类似X光照射的设备，就像乘坐火车和飞机前的安检设备一样，没有装肥皂的空盒马上能透视和检测出来。联合利华管理层对这个方案很满意。

而面对同样的问题困扰，某肥皂小厂生产线上的一位小工想出解决的办法。他将车间里常见的、为了通风降温的两只大铁风扇，放到香皂的生产线两侧，对着生产线上的肥皂盒狂吹，没有装香皂的空盒，因重量轻，自然被风吹下生产线，于是，这个问题在不花一分钱的情况下，迎刃而解。

我们通常以为采用了最正确的方式，实际上却造成了额外的浪费。

理念 1　　　　　从系统的角度看价值创造

上一节我们提到，为客户创造价值是企业的立足之本，而浪费无疑成为价值创造过程的阻碍。浪费对价值创造的影响主要表现为两点：

(1) 浪费增加价值创造的投入。

(2) 延长价值创造的时间。

浪费对价值创造的第一个影响表现为增加投入。在不精益的生产过程中，原本可以避免的消耗被忽视，以较低的投入获得较大产出的基本原则流于形式。人们往往自以为很节约，实际上各种浪费现象层出不穷。比如，除了材料的不当使用，不当的操作也可能形成不良品，增加企业检查、修复和返工的成本。

浪费使得价值创造的时间延长。正如上面提到的 7 种基本浪费中，等待、搬运、无效的动作等都延长了整个生产过程的时间，造成了价值创造的低效率。

浪费给价值创造过程带来了极大的阻碍，但是，在大多数企业中，浪费是无处不在的，具体到流程、到工序、到操作、到日常行政管理，都可能存在浪费。它们如同一座座被埋在地下的金矿，一旦被挖掘出来就是一笔惊人的财富，并且是永远挖掘不尽的；不过，如果它们始终未被发现，那么就会变身为吸血虫，蚕食着企业的每滴血液，直至企业消亡。毫不夸张地说，失败的企业大多是因为浪费达到一定程度而再也无力支撑，最后只能资不抵债，宣布倒闭。与之相对的是管理精湛的企业，这些企业无不是勤俭节约、开源节流，它们力求用最少的人，花最少的钱，用最少的时间，做最多的事情，办最好的事情，而这恰恰是发现浪费和消灭浪费的根本目的。

但是，为什么很多浪费会被无视、被隐藏？企业的管理者为什么看不到这么庞大的浪费现象？

浪费被隐藏可能出于下面几种原因：习惯，回避问题的本性，只顾自己的片面思维。

首先，人们容易陷入习惯性的做法中，从而导致浪费和问题被掩盖。人们习以为常的事情，就会很少去查看其不足或值得改进之处。比如，在我们要为一批档案袋贴封条时，我们会习惯性地认为先为所有的档案袋涂好胶水，然后再统一贴封条会比较高效。但是，这个过程会导致过多的移动、摆放等无效动作，实际反而不如一次完整地处理一个高效。但是，在没有外力的强制干扰下，很少有人愿意打破习惯，尝试一种新的方法。

再比如上面生产香皂的例子，有的企业习惯什么都诉诸技术，有时反倒增加了浪费。

其次，人们会习惯性地回避问题，不思进取。"持续改进之父"今井正明在其著作《改善》一书中提到这样一个例子：

我第一个拜访对象是露华浓公司。从露华浓（纽约总部）一位执行官那里，我了解到东京方面的管理者需要得到一些帮助。于是，当时在咨询行业里只是新手的我，鲁莽地闯入了总经理办公室。在自我介绍时，我开门见山地说："对于你们在日本存在的问题……"那位美国经理毫不客气地打断了我："我们在日本没有任何问题。"访问就此结束。自那以后，我开始变聪明了，不再讨论顾客的"问题"，而是讨论"能带来改进的机会"。

人的本性决定他不想承认自己有问题，因为承认一个问题就意味着承认自己的失败和弱点。就像今井正明所拜访的美国经理一样，生怕别人认定问题的部分原因出在他这里。而这，成为忽视浪费和问题的重要原因。

最后，立场局限，片面地看待问题。很多时候，人们习惯各自为政，缺乏系统看待问题的意识。举一个最简单的例子，我们从网上购物，从下单到发货通常需要等待1天，因为卖家需要积累订单量，到一定数量或特定时间时统一发货。这在卖家看来是划算的，但是对于买家而言无疑是浪费时间。而且，快递公司也是遵循这样的原则收发货物，因为从他们的立场，这样操作是高效的。

实际上，浪费的产生是因为我们缺乏顾客导向思维。这并不仅仅是指按照客户的需求生产产品或提供服务，在价值创造的过程中，还有非常重要的一点，就是从客户的角度考虑，怎么做才是对客户最有价值的。同样，在专业化分工越来越细致的今天，负责为客户提供产品的整个供应、生产、销售过程的各家企业，也习惯从本企业的角度探索高效的方法，而不是以客户为基准、从系统的角度考虑精益的出路。这就导致了对浪费的忽视。

由此我们可以总结出，消除浪费的重要途径，就是去除习惯性思维，勇于正视问题，同时立足于客户，从客户价值的角度出发评价价值创造的全过程。这样，哪些是不产生价值的浪费就会一清二楚。这些也是我们后文将要详细解读的、贯穿于精益管理的几个基本原则。

案例2　　某制造企业的精益改进

A企业是一家女鞋制造企业，2009年，该企业获得的净利润在同档鞋业里位列前茅。而分析其成功的原因时，人们将视线落到了该企业改进的一条精益生产示范线上。

该企业经理说："我们的目标是要将车间打造成花园式的工作环境。"正如他所说，该厂的物料从仓库领进车间后，便会被整齐地摆上货架，其他人员一看即知是什么物件，然后由班长逐组发放。只要实物无误，即可对号入座，作业效率大大提高。

大多数制鞋企业由多个车间分为裁断、针车、成型三个不连贯的孤岛型工序段，每个工序加工好的部件放于箱内，由专人搬运到中转仓，再由中转仓清点数量、做好配套再分到下一道工序生产，这样从原材料到成品下线至少需要 7 天，浪费了很多时间、人力和物力。

而该厂实施精益管理后，将三个主要的大工序连成"一个流"，形成一条流畅的生产线。这项改进虽然看起来并不明显，但却涉及整个生产流程的协作关系变革。当该厂 600 台生产机台全部实施改造后，生产效率比原来至少提高了 30％，一些效率强的班组甚至提高了 50％～60％。

实行精益生产，不但降低了该厂的生产成本，促进了生产能力的升级，同时也提高了产品品质。过去的流水线是批量生产，每位工人需要负责多道工序，一旦其中一双鞋存在问题，整个批次都可能出现同样的问题。而实行精益生产以后，每位工人只需要负责一至两道工序，鞋子也是一双一双生产，这样就更容易及时发现问题、及时整改，既避免了浪费材料、增加成本，又提高了成品效率。

理念 2　　用精益消除浪费

浪费带来的一系列影响，其最根本的结果就是价值的浪费。企业在创造价值的过程中，消除浪费就是创造价值，精益管理就是消除浪费的有效工具和手段。在上面这个例子中，该企业大力推行精益生产，其手段和效果主要体现在两个方面。

第一，将车间打造成花园式的工作环境。这一点体现了 5S 管理方法。5S 管理致力于对生产现场的改善，以达到高效、安全地使用物料设备，减少浪费的目的，这是精益管理中的基本层面。

辅助阅读

5S 管理

5S 是整理（seiri）、整顿（seiton）、清扫（seiso）、清洁（seikeetsu）和素养（shitsuke）这五个词的首字母缩写。因为这五个词的日语罗马拼音的第一个字母都是 S，所以简称为 5S。开展以整理、整顿、清扫、清洁和素养为内容的活动，称为 5S 活动。

精益管理的一个重要本质就是改善，而任何一项改善计划要想取得成功，都必然牵涉企业基本面的改善。因此，最好从基础开始进行改善，这样才能真正影响员工的工作态度与习惯，也才能同时达到改善的目的。5S活动的对象是现场的环境，是最基本的改善良方，能为改善活动的持续推行准备基础条件。在企业内部大力推行5S活动，能培养员工良好的工作作风，有效改善企业现场管理，从而从整体上提升企业的管理水平。

开展5S活动之前，必须确定5S中每一步的具体工作内容，掌握工作要点，从而确保各项工作安排到位。

整理（seiri）

整理是改善生产现场的第一步，是把生产环境中的需要与不需要的人、事、物彻底分开，然后处理掉不必要的人、事、物。通过有效的整理，可以改善和增加作业面积，提高工作效率，消除混放等差错、事故，减少库存，节约资金。

整顿（seiton）

整顿就是对人和物的放置方法予以标准化。整顿操作的关键在于做到三定：定位、定品、定量。整顿工作可以通过对生产需要的人、事、物量化并定位，然后科学合理地布置生产现场留下的物品，从而使操作员在最快速、最便捷的情况下拿取所需物，在最简洁有效的规章、制度、流程下完成生产操作。

清扫（seiso）

清扫是根据整理、整顿的结果，将生产现场不需要的部分予以清除或标示，或存放至仓库之中，同时，将工作场所打扫干净。需要注意的是，清扫并不仅仅是擦干净，还要查明异常发生的原因，并采取有效措施加以排除，不能放任问题不管。因此，这项活动是改善的起始点。

清洁（seikeetsu）

清洁是指在整理、整顿、清扫之后，对前三项活动的坚持和深入，防止产生安全事故的根源，创造良好的生产工作环境。清洁活动实际上是在持续进行前面三种作业，以保持现场、物料的清洁状态，它更强调改善的状态。

素养（shitsuke）

当达成前面四项活动成果后，就需要培养高素质人员，以深入和保持前四个活动成果，这就是5S中的第五个阶段。通过教养环节，可以使人员养成严格遵守规章制度的习惯和作风，营造良好的团队改善精神。

> 5S活动的开展始终是循序渐进的，从整理、整顿开始，再到清扫，当设备的检查、检点、保养和维修须具备了大工业生产的条件后，再导入清洁形式，最后进行人员的教养活动，来长期维持5S活动的成果。
> 有关5S活动的各个具体检查表，可以参加本书附表1—5。

第二，识别价值流，打造"一个流"。"一个流"或称"单件流"，是精益生产方式的重要组成部分，也是精益管理的核心理念。

精益生产的思维模式着重于使产品的生产变成无间断的、可以增加价值的流程，也就是"一个流"。在这样的生产方式下，企业可以提升品质，更快地对客户的需求做出反应，提高生产力并且提升各种资源的使用效率，达到减少浪费、为客户创造更多价值的目的。

那么，作为精益生产方式的发起者，丰田是怎样消除浪费的呢？丰田的管理者对于不能创造价值的浪费有不同于一般管理者的理解：

（1）许多情况下，机器的停工不见得是浪费。丰田认为，最大的浪费来源于过量生产，而停工就可以避免过多客户不需要的产品被生产出来，从而减少不必要的成本。

（2）根据客户需求生产产品。这是避免过量生产的最直接方法。有时候，企业会为了提高设备或人工的利用率而让他们保持时刻不停的运转，这并不一定是最合算的做法，反倒可能导致劳动力的不均衡利用，这又是另一种生产过剩。

（3）最好建立某一水平的存货，以保持生产进度的平稳。过量生产导致的大量存货，固然会造成大量的浪费，但是，单纯地依据客户的需求来生产，也会产生极端的情况。比如，旺季会导致大量加班，而淡季则造成人工和设备的过分闲置。因此，用必要的存货数量平衡这种情况是必要的。

（4）最好选择性地增加间接成本，并以此取代直接劳动成本。通常，企业消除浪费的关注点集中在直接成本的削减上，但有时候可以"曲线救国"，直接成本的压缩不见得带来价值增值，在其他方面的投入却可能降低整体成本。

也就是说，丰田消除浪费的方法往往看似在增加浪费。但是，当遵循大野耐一的脚步，从客户的角度和价值创造的角度看待整个生产过程的时候，我们就会发现，恰恰是这些看似浪费的手段，真正实现了浪费的消除。这也是在下一章，我们将要详细解读的"一个流"生产、拉动式生产和均衡化生产等精益生产手段。

辅助阅读

梅钢热轧厂致力于减少不增值环节

2009年以来，梅钢热轧厂紧盯生产成本，强化成本控制，以减少不增值环节为主线，倒逼现场成本，取得了显著成绩。

为了全面梳理生产流程中的不增值过程，建立指标责任体系，热轧厂先后六次组织中层以上领导干部剖析研究热轧系统的成本构成，并邀请公司财务系统专业人士对领导干部进行成本分析培训，提升管理者的成本意识和成本分析、管控能力。同时，在与宝钢股份热轧厂1580产线持续对标的基础上，发动员工对每个岗位的不增值环节进行系统梳理，建立了由34项指标组成的指标体系，并细化成115个分项指标，分解到各作业区、班组，落实到每一个人，使责任管理有据可依。

随后，该厂还围绕不增值环节中的重点领域，开展了技术攻关。2009年以来，热轧厂共组建各种攻关团队34个，逐步消除不增值因素320多项。攻关团队从优化生产工艺、保持设备精度、规范操作行为等角度入手，努力减少带钢轧制过程中的镰刀弯现象，取得阶段性成效。仅2009年1至4月份，因板形原因造成的质量损失减少了302万元。

接下来，该厂按照"攻关一项，固化一项，应用一项"的原则，加强不增值过程攻关成果向岗位规程和标准化作业的转化。至2009年5月，热轧厂针对不增值环节已建立、完善各级管理文件241项、规程体系1107项，完善设备点检维修标准9204项，其中，修订精轧、卷取等重点区域操作、点检作业标准3500多项。

可以说，通过减少生产工序的不增值环节，梅钢热轧厂的生产流程更为顺畅，时间进度得到了有效控制，生产成本也大大降低。如今，该厂会在每个管理周期，汇总其生产成果，借助一串串数字将生产过程状况告知员工，使员工更积极地在生产过程中进行自我控制。

不增值的环节多是浪费，通过致力于消除不增值环节，企业可以创造更多的客户价值，实现更加精益的局面。在这个案例中，梅钢热轧厂采用了标准化以及PDCA和SDCA等精益工具（这些我们将在后文进行进一步介绍），有效地减少了浪费，是精益生产的典型。

第 3 节　精益管理在基层

很多企业都在推行精益管理，但是，企业的精益化程度却并没有像他们当初高喊的精益口号中那般高。事实上，企业对精益管理的推行程度整体处在偏低的状态。这是因为，精益化的落地并不那么容易。

企业推行精益管理是为了创造企业价值，那么，企业价值源于何处？用一句话来概括，价值源于生产者。

生产制造企业通过产品获得收益，价值来源于产品，而产品来源于生产车间；服务型企业通过提供服务获得盈利，而服务产生于与客户的直接接触过程。因此，所有的企业都遵循一个基本原则：直接产生价值的活动都集中在一线，也就是企业的基层。也正因为如此，精益管理的主要推行领域集中在企业的基层。但是，企业基层对精益化却没有给予同等程度的支持。

由于基层是精益管理推行中的重要领域，基层管理者的重要性凸显出来。企业的基层管理主要包括车间管理、业务管理、班组管理和项目管理。基层管理者对精益的应用，更多地体现在业务组织方式和操作方法上。精益生产的几个基本工具更是需要基层管理者的正确使用和积极推广。为此，基层管理者深入生产现场，进行全面到位的监督和指导，成为精益管理的一个基本要求。

案例 1　走动管理

沃尔玛集团的创始人山姆·沃尔顿认为，走出办公室倾听人们的意见十分重要。他曾说："头儿们最好的主意往往是来自公司的店员。"

1962 年，当沃尔玛公司仅有 8 家店时，沃尔顿有意不开自己的车，而是搭乘商店的货车，以便与司机接触。有时，他还会在深夜两点钟带着食物与公司销售中心的值班人员共享宵夜，一边吃东西一边了解他们的想法。随着沃尔玛集团的不断壮大，沃尔顿的这个习惯坚持了下来，他每年都会走访公司 700 多家商店的每一家。

在沃尔顿的工作时间中，至少有 90% 的时间花费在与员工和客户交谈，阅读财务报表，乘飞机巡视分店等事情上。现在沃尔玛的高层经理，也延续着这个习惯，每个星期都会拿出至少三分之一的时间巡视分店，了解员工情况并及时解决问题。

走动管理是由美国管理学者汤姆·彼得斯和罗伯特·沃德曼提出的。1982

年，两人出版《追求卓越》一书，提出了走动管理的概念。书中指出，很多企业的管理者往往待在办公室，等待下级主动汇报工作。这种管理方式对上下级的沟通是很不利的，管理者更是无法了解生产现场的真实情况。因此，管理者应该抽出足够的时间走到员工中间，更好地倾听员工，发现问题。

走动管理的功能体现在下面几点。

更容易发现问题，助力团队提升。由于管理者更多走进工作现场，因此可以更容易发现工作中和管理活动中的问题，迅速提出改进措施，这对团队整体的提升是一大助力。

更好地管理员工的情绪。走动管理要求管理者走到员工中间，克服"位差效应"的部分消极影响，因此员工的心声可以更容易被管理者倾听。员工的想法和诉求得到宣泄，对员工的情绪管理是一种帮助。

增强上下级感情。管理者与员工向来处于对立的层面，二者的关系管理也是团队管理关注的重点。走动管理为二者提供了深入了解的机会，有助于增强上下级感情，增强团队凝聚力。

理念 1　　基层管理者的任务

由于价值创造的主要环节在生产线上，因此，基层管理者成为精益管理推行的主要动力。为什么这么说呢？

我们知道，企业的存在理由聚焦于为客户创造价值，精益管理的最重要的本质就是价值创造。但是，价值从哪里创造？价值来源于哪里？事实上，客户的价值从企业的产品或服务中得到体现，而产品或服务的生产过程就是价值的源头。

在一家企业中，行政层面只是为产品生产提供辅助和支持的，真正产生价值的活动大多集中于企业基层。因此，我们可以说，精益的立足点在基层。在丰田生产方式中有一条重要原则，即管理者必须走到现场去发现问题并处理问题。我们把这一原则称为"现地现物"，这是管理者需要认真遵守且能为精益推行提供极大动力的活动。那么，基层管理者是如何推动精益管理的？在精益化的过程中，基层管理者又该充当什么样的角色、担负什么样的责任呢？

基层管理者的基本工作包括分配工作任务，控制工作进度，监督员工工作，向上反映员工的意见，解决员工的工作问题等。也就是说，基层管理者负责具体执行的管理工作，具体地管人管事。相比之下，中高层管理者更多地负责计划性和监督性的工作。中高层管理者的工作内容决定了，他们通常无法深入精益管理的核心环节——生产现场。

很多中高层管理者没有机会或者并不愿意去生产现场，甚至还以自己可以不必亲临现场而颇感自豪。

有一位经理，他从不视察车间。对此，他解释说："我以前做过工程师，非常了解如何阅读及解释这些车间上交的资料。我可以根据这些报表资料来做出最正确的决策，何必亲自下车间呢？"

而另外一家公司则是这样的情况：每当总公司的"大人物"前来视察工作时，分公司经理必会耗费数小时，在会议室内向大人物回答一些愚蠢的问题。这些大人物并不亲临现场了解那些正在进行中的事务，却会经常留下一些不适当、找麻烦的指示。分公司经理这样说："没有这些会议，我们或许还会做得更好呢！"

这些现状表明，中高管理阶层与工作现场之间存在很大的距离。不管是管理者主观意识导致的还是客观条件造成这些问题，都将成为精益化推行的阻碍。而这时候，基层管理者就成为主力军，成为连接上层管理支持活动与基层价值创造活动的关键。

其实，基层管理者的工作首先应该立足于现场，及时掌握现场发生事件的第一手资料。也就是说：一切精益工作从现场开始。这也是丰田公司遵循"现地现物"原则的理由。在上一节，我们提到了浪费，基层管理者的一项基本职责就是区分工作中的价值点和浪费。

价值创造基于客户需求。通过确认客户需求、检查当前步骤并找出浪费环节，管理者便可确定哪些是可以满足客户要求的、必不可少的任务，并消除那些与客户需求无关的活动。对于基层管理者来说，他们需要做的就是不断发现产品或服务生产过程中的价值点，找出浪费之处及其原因，推动更有效的价值创造过程。

正是为了实现这一目的，丰田家族和大野耐一等人花费了漫长的时间，终于建立了丰田生产方式，并进一步发展为精益生产方式，开辟了消除浪费，创造客户价值的新途径。

案例 2　　大野耐一圈

当今世界推行精益管理的企业很多，但是成功的很少，这是为什么？前文提到，价值创造集中在基层。而大野耐一的精益生产对此提出了更加明确的要求，即现地现物。

大野耐一所推行的精益生产有一个重要的原则，就是现地现物。"现地"是指实地，"现物"即是实际的材料或产品。在丰田内部，"现地现物"的含义就是：亲自到现场查看以了解实际情况。

为了确保人们有效地观察作业现场，大野耐一创立了一种非常有效的观察方法，世人称之为"大野耐一圈"。在丰田公司，有许多关于"大野耐一圈"的故事，很多人都在大野耐一的指导下亲身体验过、成功实现了并在持续应用着这种方法，来观察现场。

前任北美地区丰田汽车制造公司总裁箕浦照幸，曾直接向大野耐一学习丰田生产方式。而他在丰田公司最早接受的教育之一就是站在一个圆圈里。箕浦照幸曾对人说起大野耐一的教导：

大野耐一先生要我们在工厂的地板上画一个圆圈，他告诉我们："站在那个圆圈里，观看操作流程并自行思考。"他甚至没有提示我们观看什么，这正是丰田生产方式的精髓。

大野耐一先生早上进来，要求我站在那个圆圈里，直到晚餐时间。其间，他曾进来一次，问我在观看什么，当然，我回答了，我说："流程中有太多问题……"但是，他并没有听我的回答，他只是在观看。

等接近晚餐时，他又进来看我，但并没有花任何时间给我反馈意见，只是温和地说："回家吧。"

这种训练如果发生在其他的工厂里，将会是一件难以想象的事情。因为，就我们日常所见，不会有哪个工程师可以站在一个圆圈里半个小时，更别说站上一整天了。

但是，箕浦照幸深知，这是一门重要的课程，也自认能被这位丰田生产方式大师如此教导是他的无上荣耀。那么，到底大野耐一教导了他什么呢？他在教导箕浦照幸自主思考自己所观察到的事物，亦即深入观察、提出质疑、作出分析与评估的能力。

我们再来看一个例子。

克利斯迪安托·佐加是一位从事现场改善的咨询师，早年他曾服务于丰田汽车公司。他曾说起自己第一次被派往日本丰田工厂接受训练的情形：第一天，一位督导人员被指派为他的师傅，将他带到工厂的一个角落处，然后用粉笔在地上画了个小圆圈，告诉他整个上午都要待在这个圆圈里，同时关注有什么事情发生。于是，佐加专注地看了又看。但是随着时间的消逝，他感到越来越烦躁，因为他看到的都是例行重复的工作。最后，他恼火地说："我的督导想要做什么？我被派来学习经验的，可是他没教我任何东西。难道他想显示一下自己的权威？抑或这是一种训练？"

在他感到大受挫折之时，这位督导人员回来了，并将他带到会议室去。在会议室里，督导人员要求佐加描述他所观察到的一切。他被问到一些特别的问题，如"你在那儿看到什么？"、"对于那个流程你有何想法？"而佐加对这些问题大多无法作答。

自此，佐加意识到自己的观察漏失了许多关键点。而后，督导人员向佐加耐心地解释那些无法回答的问题，用图表画在一张纸上，以便将整个流程描述得更清楚。此时，佐加意识到督导人员对流程有更深入的认识，同时也意识到自己的无知。他终于明白：现场是所有信息的来源。这位督导人员告诉他：要成为一个够格的丰田人，就必须喜欢现场，这是每一位丰田员工所必需的信念。

大野耐一曾说："在制造业，数据当然重要，但是，我认为最重要的是事实。"在大野耐一看来，数据只是事实的"指针"而已，你真正该做的是到现场去寻找事实材料。有人评价大野耐一的这种方法"如同法医在调查某犯罪现场"，这也丝毫不为过。

在现场调查过程中，身处圆圈中的人应专注地观察现场，并了解以下问题：
（1）我们有标准吗？
（2）现场的环境维持做得如何？
（3）工人们是否遵循标准工作程序？
（4）是否遵循平稳的流程和准时生产？
（5）零件是否在尚未需要之前就已经送到？
（6）现场里还有多少浪费存在？

身处圆圈中的观察者必须亲自观察材料送至生产线的流程，才能获得这些问题的答案。他必须亲自查看联机操作员是否使用安灯请求支持并在必要时暂停生产线，查看小组领导者和团队领导者如何做出反应等。

理念 2　　从现场发现精益

大野耐一曾提出这样的建议：作为现场管理人员，应要每天到现场去，看看存货、效率、质量等的实际状况如何，是否存在被改善的空间，而且这些改善对成本的降低是如何地作贡献，这些终将产生较高的利润。

一切精益工作从现场开始。通过现场巡查，管理者会更了解现场的运作状态，发现增值点，如果在现场中发现问题也可以迅速而准确地找出原因，并迅速采取措施处理。

大家知道，如果在巡查现场时发现问题，并迅速采取暂时性补救措施，可以在一定程度上减少生产进度的延误。事实上，很多企业在这方面处理得非常迅速。

一次，我在一家企业参观生产车间。我发现有一台切割机上挂着一把小扫帚。当时，这部机器已经停止运转，因为有金属铁屑掉落在机器的传动带上，传送带被卡住了。这时，作业员拿出扫帚，将铁屑从传动带扫出，然后重新启动机器。于是，传动带又可以继续工作了。

不过，这种暂时性措施仅是排除了问题的现象，并不能彻底解决问题。因为没过一会，机器又停止运转了，作业人员不得不重复同样的动作，重新启动机器。

精益生产的思想要求，一切问题必须被彻底解决，（后文将有更多解释）因此，企业必须抛弃这种治标不治本的处理方式。事实上，基层管理者和作业人员完全可以通过"现地现物"原则找出问题发生的真正原因。

在现场的范畴里，可以包括一部出现故障的设备或工具、一件被退回的产品或者是一位抱怨的顾客。一旦出现问题时，管理者要到现场去检查现场运作状态，并且应用一般常识和低成本的方式，确认问题出现的根本原因，而不是依靠下级提交的数据，靠计算机或者无效率的会议得出结论。比如，如果生产出一件不合格品，那么管理者可能只需要简单地握在手中，去触摸、感受，然后再去查看生产线，即可迅速找到问题发生的根源。

相对于聚集在办公室开展没有确切依据的讨论，去现场更容易发现问题的根源，从而解决问题，推动精益。其实，精益工作必须以故障问题的认定为起始点。而管理者的工作职责之一，应是时刻关注现场，并依据现场和现物的原则来核查问题。

第 3 章

精益怎么做

流程是精益化的主要作用对象，精益生产的推广关键在于流程的塑造和优化。精益管理的核心目标就是打造精益的"一个流"式的流程，将浪费降到最低。

解决的问题：
"一个流"生产方式；
拉动式生产；
均衡化生产。

第 1 节 "一个流"生产

现代工厂习以为常的流水线生产方式虽然具备一定的高效特征,但是不可避免地造成了流程的间断。"一个流"旨在建设无间断的流程,消除流水线方式的弊端,缩短从原材料到客户的时间。

20 世纪 50 年代,丰田英二在前往美国实地考察时,惊讶地发现:生产设备制造了大量的在制品,并堆放在一起,等到一个批次满了之后再被送到另一个部门;然后又堆放一阵子,再送到下一道流程。大规模生产导致出现了一个个相互间断的流程,极大地延迟了交货期并占据了大量的空间。而所谓"降低单位平均成本"的唯一做法就是使那些高昂的设备处于不停生产的状态,员工则处于不停劳作的状态。企业对那些生产更多在制品、使机器和员工不停忙于生产的部门经理予以奖励,而这些大批量生产的产品中却隐藏着大量难以被发现的瑕疵。

为了避免发生类似问题,丰田英二要求大野耐一设计出既能根据顾客需要而灵活变化,且同时能够提高效率的无间断的生产方式。后来,"一个流"问世了。

"一个流"生产方式是指所生产的产品按照一定的作业流程一个一个地进行加工。通过一个流,我们可以把生产过程中那些不能创造价值的工序或动作尽可能减少,以此来提升生产效率。精益生产方式最初的本质以及它最精髓的部分就是建立连续的不间断的流程,在操作层面上,"一个流"毫无疑问地成为精益生产的核心原则。

在图 3—1 中,图 A 表示一个流工作方式,图 B 为批量生产方式。二者比较,可以明显看出,一个流生产大大减少了在制品堆积,提高了生产效率。

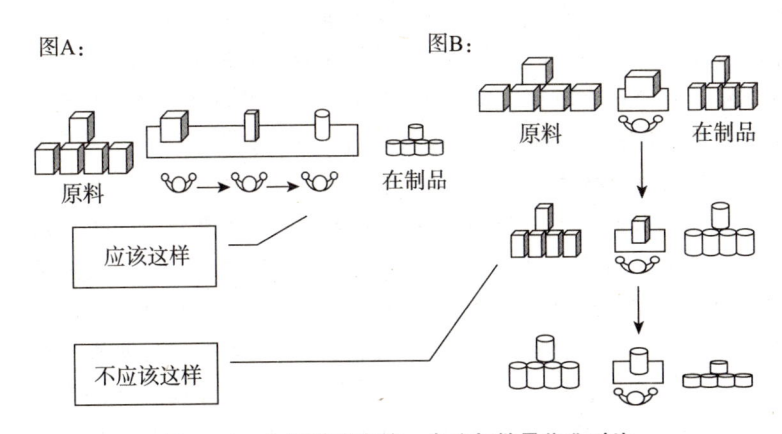

图 3—1 生产模式中的一个流与批量作业对比

案例 1　　可乐罐的批量生产与等待

在生产罐装可乐的过程中，可乐罐才是最复杂的部分。可乐罐也是生产供货时间中耗时最长的部分。下面，我们将可乐罐的整个生产流程进行进一步的分析。铝罐在可乐消费的整个过程中的流动如图3—2所示。

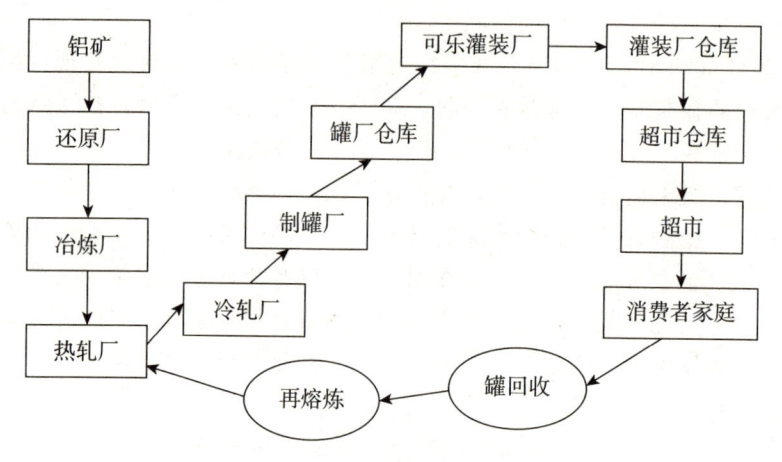

图3—2　可乐罐的流动

由于采矿机械是巨大的，同时为了长期的生产计划，一次采矿可以开采的矿石数量高达几百万吨。然后，数量庞大的矿石要经由大型货车运送至化学厂进行还原，制造出氧化铝粉。当氧化铝的数量足够装满一个矿山集装箱时，就将其装船。这时，大约需要50万吨氧化铝，可以做1 000万个罐。这个过程需要花费大约2周时间。然后，花费4个星期将集装箱运送到具备便宜的水力发电资源的冶炼厂。

氧化铝在冶炼厂等待大约2月时间，然后花费2个小时将2吨氧化铝制成1吨铝。一般批量冶炼的方法使每次生产铝的量要大到可以浇铸成几十个1米见方、十几米长的铝锭。在铝锭冷却和储存花费2周后，再将其运送到热滚轧厂。在热滚轧厂存放2周后进行滚轧，实际滚轧的过程只有1分钟。由于滚轧机的特性，管理人员一般选择积累某种规格的产品到一定数量时，再一次把它们生产出来。

可乐罐所需的铝板轧好后送到库存，这个存放时间大约为4周。然后，在需要时运送到冷轧厂，再存放2周时间等待加工。冷轧出的薄板切成窄条，再存放大约1个月时间。然后运到制罐厂。在经历2周左右的等待时间后，铝卷被放上操作台，冲裁成圆形盘，再进一步冲压形成没有顶的罐子。这些罐子经由传送带经过清洗、烘干、喷漆、喷彩色图案、加印文字等，再经过上光、收口、压凸缘（为了后期加盖罐顶）、喷漆等，最后送去检验。这个从铝板变成罐的过程只有

10 秒钟。

经过检验的罐子被传到货盘上，送至仓库待用。这个时间大约为 4 周。然后，被送至灌装厂等待灌装可乐，加盖罐顶，分别装进规格不同的提盒。生产出的可乐需要存放 5 周时间才被送至超市的仓库，然后等待 2~3 天被放到货架上，用 2 天左右卖出。

可乐在消费者家中可能要存放几天，然后被喝掉。而喝可乐的过程可能只需要 5 分钟。终于，在经历大约一年之后，可乐罐被回收，重新进行炼化、再生产。

整个过程中，铝罐的流动如表 3—1 所示。

表 3—1　　　　　　　　　　铝罐的流动

	进货储存	加工时间	完工储存
矿石	0	20 分钟	2 周
还原厂	2 周	30 分钟	2 周
冶炼厂	3 月	2 小时	2 周
热轧厂	2 周	1 分钟	4 周
冷轧厂	2 周	<1 分钟	4 周
制罐厂	2 周	1 分钟	4 周
灌装厂	4 天	1 分钟	5 周
超市仓库	0	0	3 天
超市货架	0	0	2 天
消费者家中	3 天左右	5 分钟	——
合计	5 个月	3 小时	6 个月

从整个过程看，真正有价值的时间不过 3 个小时，而等待的时间却要花费 11 个月，占总时间的 99% 还多。原因就是过多的生产和批量处理思维。

理念 1　　批量生产和批量处理的误区

大野耐一认为，生产过剩是最根本的浪费，因为这将导致其他多种浪费，比如等待，搬运和存货。

什么是有效率的呢？在创造价值的过程中，那些充斥在必要步骤之间的不必要的步骤，会降低效率。但是人们往往不注意这些浪费。

比如，为什么人们会认为批量地处理事务更有效率呢？大野耐一认为，人们的这种思维模式源于农耕社会。人们当时赖以生存的食物，包括粮食和猎物，都必须进行储存。因为天时不定，人们无法估计明天是否有太阳，下一顿是否能饱腹。因此，人们习惯储备食物以备不时之需。渐渐地，人们的头脑中产生了批量生产和储存的意识，并且认为这样才是有效率的。这也是为什么人们偏向流水线和规模生产的重要原因。

批量生产或者说大规模生产造成了流程的间断，步骤与步骤之间形成的在制品存货，除了造成储存空间和成本的增加，还导致了不必要的搬运和等待。正如前文所讲的贴档案袋的例子，涂上胶水的档案袋在等待下一步工作时必须摆放好，以免粘到其他文件；操作者还必须重复"放下——拿起"的动作，即搬运动作大大增加。

辅助阅读

部门造成的批量处理

在一般的企业中，我们习惯将具备相同功能的员工和设备组织到一起，形成一个部门。当然，产品的生产仅靠一个部门是无法完成的，必须经过多个部门的共同配合。但是，产品在经由一个部门向另一个部门流动时，也将产生延迟。

由于不同部门的绩效评价是独立的，因此，每个部门只会按照最有利于自己绩效的方式安排工作。比如，对于一位运送物料的员工来说，最有效的运送方式可能就是一次运送大量的物料，一天或者一周只运送少数几次。但是，这个频率可能完全不符合物料需求部门的使用频率，因此，他们必须进行等待，由此造成批量处理的浪费。如果把生产一件产品所需的所有人员集中到一个房间，那么流动的速度就会大大增加，效率大大提升。

IBM公司曾经设立一个信用公司，其目的在于贷款给顾客，让暂时还没有购买能力的顾客也能购买IBM的产品，包括计算机硬件、软件、服务等。这项业务利润非常丰厚，但是起初的效果并不好，而问题主要出在工作流程上。

其最初的贷款流程是这样的：一名销售代表有业务到来时，需要先打电话给公司总部的经办员；经办员记录下电话之后，需要填写一份书面申请单，并把申请单递交给信用部；信用部接到书面申请单之后，会派专人将申请信息录入计算机，之后再安排专人审查顾客的信用情况，并将结果用书面方式送到商务部；商务部接到顾客的信用信息之后，会派员工将信用数据再录入计算机，然后拟订贷款合同，递交给估价员；估价员接到贷款合同后，把信用及贷款数据录入电子表格内，并计算客户承担的利率，然后再把结果写在纸上，连同其他文件送到文书组；之后，文书组将所有资料汇总成一份报价函，并通过快递寄送给销售代表。

通常情况下，这个过程需要经过7天的时间，有时甚至超过2个星期。在这段时间内，销售代表和顾客都不知道流程传递到哪里，即使电话咨询也得不到任何信息。此时，等得不耐烦的顾客就会转向其他公司。

在大规模生产方式下，另一个更加突出的问题是：批量生产形成的存货掩盖了可能的问题，导致产品瑕疵的产生。

在大规模生产方式下，每一道下一个生产工序前都会有大量的在制品等待。因此，当一件在制品出现问题时可以有其他的在制品替补，以免耽误工序的前进。但是，这种做法无疑为工作人员找到了不立即处理问题的借口，从而导致问题根源被忽视，更多的瑕疵品可能还在源源不断地生产出来。

总之，批量处理方式延长了客户获得产品的时间，并造成了质量隐患，是浪费的主要根源之一。实际上，当人们抛开设备或组织，把关注点集中在产品和客户的需要上时，就可以脱离这种批量思维，发现真正的价值点和真正有效率的做法。

精益生产的目标就是消除不必要的等待，建立无间断的生产流程，提高生产的效率。

案例2　没有价值的过程

在《精益思想》一书中有这样一个例子。

某人希望和家人一起到一个海岛度假，他们选择了一条相对最合理的路线，但是，仍然花费了他们不少的时间。下面是他们出行的整个过程：

（1）打电话到旅行社预约；

（2）接收寄来的机票；

（3）向出租车公司预约出租车；

（4）等候出租车到来；

（5）打包行李；

（6）坐车到机场，这个过程花费了3小时15分钟。航空公司要求起飞前2小时到达机场；

（7）卸行李；

（8）排队等候兑换货币；

（9）排队登记；

（10）排队安检；

（11）排队通过海关；

（12）在候机楼等候；

（13）排队登机；

（14）在飞机上等待（飞机延迟2小时）；

（15）飞机在跑道上滑行；

（16）飞到海岛，花费3小时；

（17）在飞机里等候；

（18）飞机降落和下飞机；

（19）排队取行李；

（20）排队等候相关部门检查询问；

（21）排队过海关；

（22）把行李装上车；

（23）等候客车出行；

（24）乘车至别墅，花费45分钟；

（25）卸下行李，搬进别墅；

（26）等候登记入住别墅。

至此，这一家人终于到达目的地，统计结果显示全部的履行时间是13小时，实际用在旅途上的时间只有7小时，其余6小时全部是排队和等待的时间。在这个过程中，排队次数10次，行李搬运7次，检查次数8次。在这之间，总共有19个不同的机构或公司参与进来，而他们无一例外都在采取批量处理的方式。

也许就每一个机构来说，他们这样处理是非常有效率的，但是，在旅行的这家人看来，这个过程无疑是烦琐的、让人不舒服的。这之间的各种等待时间，完全可以精简，如果把这一切当作一个整体来看的话。

比如说，旅行社可不可以帮助旅客预订出租车、搬运行李、办理别墅的登记呢？各海关和相关机构能否协作，共同核定旅客是否可以入境？人们为什么必须提前几个小时到达机场并等候？有没有像坐火车、汽车一样简化的手续？

当我们从客户的角度分析时，就会发现许多不产生价值的环节。

理念2　价值流认识与分析

要想建立无间断的"一个流"，最大程度地去除不产生价值的环节，我们首先要进行价值流分析，从价值流的角度出发设计企业的作业流程。

根据精益思维的原则，在组织、管理、供应链、产品开发和生产运作方面必须建立有效的生产流程方式，消除所有不增加价值的浪费。而在工作中，要消灭浪费，就必须判别工作中的两个基本构成：增值和非增值活动。统计研究发现，在我们的日常工作中，增值活动约占所有工作的 5%，必要但非增值活动约占 60%，其余 35% 为浪费。而精益管理则要求工作活动中不能存在任何浪费现象。

价值流就是将一种产品从原材料状态加工成客户可以接受的产成品的一整套操作过程，包括增值和非增值活动。价值流管理正是从浪费和价值的角度去分析价值流图，从而发现并消灭浪费、降低成本、寻求改善，赢取最高的利润。

但令人遗憾的是，许多企业导入精益生产理念和方法后，尚未认真地对产品价值流加以分析，便快速地进入了消除浪费的大规模活动中。这些活动虽然改善了产品价值流中的局部环节，使之流动得更为顺畅，但是在其他问题环节中仍然存在大量库存，成本不降反增。同时，改进工作的持续性也会在一定程度上受到限制，无法在全过程中减少浪费，这最终将导致精益生产无法持续开展。

不同行业、不同企业的情况是千差万别的，我们在实施精益的过程中，经常会被企业杂乱无章的背景所迷惑，不知道从何处、如何实施改善活动，会觉得改善活动无从下手。在这种情况下，我们需要准确地认识价值流，找出浪费及其原因所在，然后将其消除。那么，我们应如何认识价值流呢？

价值流管理的重点是要区分增值活动和非增值活动。增值活动是指有产品经过此活动价值得到提升更利于产品的销售，比如符合客户要求的加工、动作、服务等活动；非增值活动则是指不会使产品增加价值的活动，典型表现为无效等待、返修、搬运。

首先，我们可通过对现场的生产现状进行分析，将结果绘制成"价值流现状图"，以识别其中的浪费之处。

其次，我们以现状图为基础，通过分析现状发现浪费，进而寻求改善点和改善预案，并制定相应的改善目标。我们将形成的结果绘制成"未来价值流图"，并在图中标明生产数量、生产流程、标准生产人数及时间等，避免生产中不必要的浪费。然后，制定出改善实施计划。换句话说，借助价值流分析，我们会获得三个重要的文件性成果，即价值流现状图、未来价值流图、实施计划。

> 📖 **辅助阅读**

价值流分析的几个误解

不过，在通常情况下，人们对价值流的认识仍然存在着一些误解，需要留意。

（1）价值流现状图只是未来价值流图的基础。

当我们发现价值流现状图里个别环节存在浪费时，就会立即在第一时间动手去剔除这个浪费现象。其实，这是不正确的。如果这样处理问题，我们只是解决了当前一部分的问题，而没有从整个系统层面上解决问题，很难得到一个完整的精益流程。所以，我们在绘制现状图时，目的仅仅是暴露出浪费现象，不必急于进行某一点的改善，因为，我们的目的在于借助价值流图从整体上处理浪费现象，为未来价值流图的绘制打下基础。

（2）明确绘图的目的。

我们并不要求未来价值流图包含重组流程的细节，它的作用是用来反映概括性的物流和信息流动情况。所以我们在行动之前就要确立目标，以这个目标来指导价值流图的绘制。而价值流图对于实际操作中流程的改善是不会作出具体的设置的，只要依据目标进行处理就可以。

（3）图只是工具而不是目的。

许多人觉得未来价值流图的完成就代表着大功告成，认为这就完成了生产的精益化。其实，价值流图的绘制完成仅仅是精益的开始，接下来我们要将价值流图反映出来的情况进行现场改善。为了达到持续改善的目的，在改善之后我们要再画出价值流图，分析改善中的不足之处，进行循环反复的改善。当然，要想使价值流达到最大值，我们还应从流程设计之初即开始科学地规划。

案例 3　"一个流"改善

价值流分析完毕，我们可以找到浪费的环节，并制定优化措施消除浪费，建设一个流。

下图是经过价值流分析后对一个产品生产流程进行的"一个流"改善，在这个过程中，我们主要做的是合理布局，减少产品流的迂回、交叉以及无效的往复运输，并避免物料运输中的混乱、路线过长等现象，见图 3—3 所示。

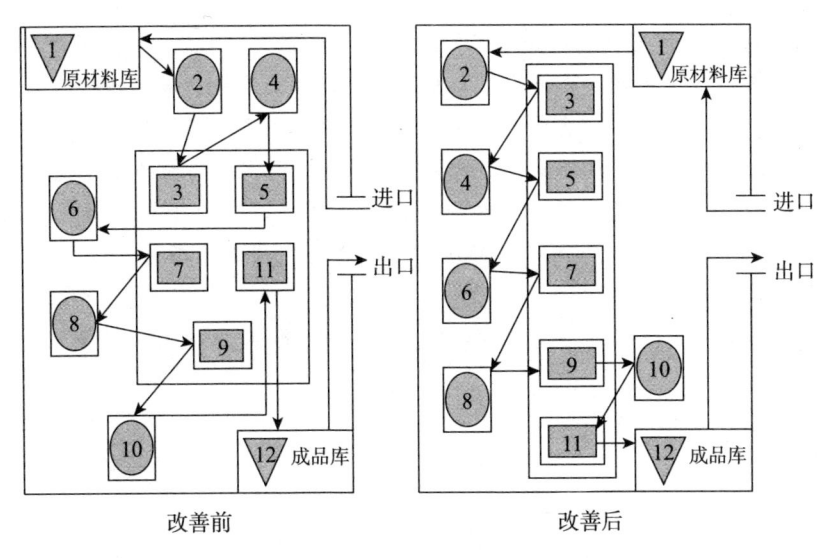

图 3—3　生产布局调整与物流改善

通过对比可以看到，通过对物料在各个工序间的移动进行合理有效的改善，利用减少、消除或合并不必要的搬移活动来优化搬运，可以使在制品在各工序间连续地流动而无延迟现象。这是向"一个流"迈进的重要一步。

"一个流"的实现过程首先要从消除浪费开始，进而减少生产的批量，实现无间断流程，而创造出一个流的目的也就是杜绝浪费。那么，在一条生产线生产多品种产品时，"一个流"是如何实现呢？

在一条生产线某环节上需要生产 A、B、C 共 3 种产品，生产每种产品时皆为一个生产，即每次只能生产一件某种产品，其工位布置如图 3—4 所示。

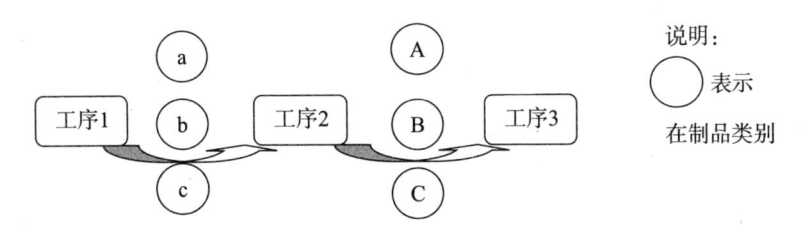

图 3—4　生产多种产品的一个流

说明：○表示在制品类别

假设现有一订单要求生产一件产品 B，工序 3 就会取走工序 2 生产出的在制品 B 以加工；此时工序 2 接收到后续工序 3 传递的生产信息，就会取一件工序 1 生产出的在制品 b 以加工；工序 1 发现在制品 b 被取走之后就会再生产出一件 b 以补充空缺。当工序 3 加工完成时，工序 2 上已经又补充了一件在制品 B 以供生产。这个例子也很好地体现了拉动生产（下一节将有更加具体的介绍）的核心思想：即前一道工序的生产指令是由后一道工序发出的。

当然，这种情况下的一个流有几个前提条件，各工序生产节拍一致，并且需要可视化管理的良好运作。如果我们能够做到生产的一个流，不但会降低生产过程中的成本，更提高了生产系统的柔性，真正得到以客户需求为导向的生产模式。

实际上，一个流就是一种为了实现适时适量生产，致力于生产同步化的最小批量生产方式，如能够再加上看板的运用，就更好地实现了准时化生产。

理念3　　建设快速、小批量的生产单元

批量生产方式是一种深入人心的生产组织方式。那么，传统的大规模生产思维有什么样的优点呢？在大规模生产方式下，企业会设置诸如机械工程、会计、采购、制造等部门，工厂里也会划分焊接、组装等不同的车间。这种生产方式把具备相似技能或作用的机器和人集中到一起，实现了下面的优势：

（1）规模经济。现代制造企业所使用的各种大型设备，往往具备较高的产能，造价也相对昂贵。面对高昂的投入，企业降低成本的选择就是达到规模经济。因此，企业会尽可能使产出达到最大，实现设备和人力的充分利用，降低产品的平均成本。

（2）工作时间的弹性。大规模生产方式下的设备和人力的组织方式，使得工作时间比较有弹性。因为当工作安排下来时，管理者可以通过调整，匹配部门内部的设备和工作人员。而如果采用"一个流"生产，在一个流小组中的人员和设备将无法被自由调动，以回应突然安排的工作。

在批量生产或者说大规模生产方式下，生产过程被划分为一个个的步骤，然后由不同的部门负责其中一个或几个步骤。而由于不同步骤所需耗费的时间存在很大差异，就容易造成各种在制品的存货。如果采用"一个流"的生产方式，就可以消除步骤与步骤之间的等待，尽可能快地生产出客户所需的产品。

具体来讲，"一个流"有下面几个优点。

（1）生产力利用更高效。传统的部门化的运营生产方式往往通过设备和人员的使用率来评价效率，实际上，当大规模生产方式生产出大量过剩的产品时，人员和设备其实是被浪费掉的。而当大量存货造成库存成本和产品瑕疵时，这部分成本同样在抵消设备和人员的使用效率。相反，在"一个流"中，我们直接用价值创造来衡量效率，人员和设备极少出现不产生价值的工作。

（2）减少空间浪费和成本。大规模生产方式形成的大量存货会占据更多空间，导致空间浪费和高昂的存货成本，而"一个流"的各个环节紧密衔接，最大程度地降低了存货数量，使空间利用效率更高、库存成本大大削减。

（3）安全性更高。跨部门或车间的合作，以及大量存货的存在必然产生大量的搬运工作，从而增加工伤风险。当采用"一个流"时，存货减少、在制品减少，搬运就会大大减少，从而减少工伤，提高生产的安全性。

（4）品质保障。大规模生产导致存货积压，因此容易掩盖问题甚至诱发问题，"一个流"减少了存货，因此削减了这方面的风险。另外，"一个流"致力于工序的紧密衔接，一个环节出现问题就会迫使整个作业流的中断，因此，作业人员必须更加关注产品的品质，不让问题进入下一个环节，并在发现问题时，积极寻求解决的方法。

由此可以看到，不仅多样化、少数量的现代消费需求要求企业建设快速反应、小批量的生产方式，单从消除浪费、创造价值的维度，"一个流"生产方式也是大势所趋。

辅助阅读

让工作流动起来

"一个流"的创建并不是一个简单的过程，应该说是一个需要投入大量成本和精力的过程，这也是为什么很多企业的"一个流"往往以失败告终的原因。在推行"一个流"的过程中，有的企业没有充分分析价值流程，导致改善后的流程不符合"一个流"的标准；还有的企业，因为未能在短期内看到成效，同时又耗费了大量的成本，而选择放弃，退回了原来的水平。可以说，创造无间断的流程是一项艰巨的任务，需要持之以恒地努力，并且需要企业中层、高层的支持和积极配合。

那么，当我们不具备迅速获得"一个流"的改善条件时，就可以对现状放任不管了吗？显然不可以。即便无法实现"一个流"，企业也应该积极寻求流程的改善点，削减浪费。

业务流程的设计和改善要遵循精益的原则。一些企业在进行业务流程规划时，常常为了流程完备而规划流程，故而往往陷入了流程形式化的陷阱。

以健力宝集团的流程为例，健力宝是一个很重视流程的企业，在张海时代，该企业解决问题的方法就是"按流程走"。健力宝的业务流程非常完备，每个部门都制订了一大堆流程。在拟订部门的职责时，相关部门会同时要求将部门的工作流程制订出来。

例如，人力资源部的业务流程就有23个，如工资发放流程、新入职员工报到流程、新入职员工试用流程、员工离职审批流程、员工离职手续办理流程、总裁聘任和审批流程、执行总裁和财务总监任免流程、组织架构设置流程等。在这23个流程中，关于人员任免的流程就有10个，其中5个是总公司的人员任免流程，还有5个是子公司的人员任免流程。

从人力资源部的流程中也可以看出，健力宝的流程制订得非常精细。然而，制订业务流程的一个目的是提高工作效率。健力宝的情况恰恰相反。这种精细化的流程增加了审批的环节，本来一个电话或一句话即可解决的事情，却必须拟定一份书面的工作联络单；财务的审批时间时常要拖很久，如遇到某领导出差，即使是再急的事情也需等他回来再处理。

这样的业务流程虽然几近完备，但整个过程却充满了浪费，违背了精益的原则。在精益原则下，我们的业务流程规划要坚持最简省的原则——最省时、最省力、最少人。

在通常情况下，初步规划的业务流程或多或少地存在以下问题：

➢流程的系统性差。如缺乏整体统筹，相关流程单独运行。

➢流程主体不明确。没有明确规定负责部门或者多方管理。

➢节点过多、流程过长。有太多的步骤且步骤间存在复杂的依赖关系，流程顺利运转的难度极大。

➢流程振荡性高。设置多个反复出现的环节或子流程。

针对这些问题，流程优化的基本方式可以归纳为3种，即水平工作整合、垂直工作整合和工作次序最佳化。

➢水平工作整合：是指将原来分散在不同部门的相关工作，整合或压缩成为一项完整的工作；或将分散的资源予以集中，由一个人、一个小组或一个组织来负责运作，以减少不必要的沟通协商，并为顾客提供单一的接触点。

➢垂直工作整合：是指适当地给予员工决策权及必要的信息，减少不必要的监督和控制，使工作现场的事能当场解决，提高工作效率，而不必经过层层汇报，错过了最佳处理时机。

➢工作次序最佳化：是指利用工作步骤的调整，达到流程次序最佳化。

总之，小优化于业务流程之内调整，大优化于业务流程之间的兼并、删简，其管理目标不是将企业简单判断复杂化，而是将一般业务常规化、自动化，从而减少对我们的工作要求，提升工作效率。从初步规划到逐步优化，随着整个业务流程规划趋于合理，流程运作效率也会逐步提高。

"一个流"是流程优化的最高标准，在我们没有实力实现"一个流"或者不适合推行"一个流"的领域，基本的流程优化原则可以作为替代，成为消除浪费的精益化手段。

第 2 节　拉动式生产

在第一章讲到，丰田生产方式的一个重要组成概念就是准时化生产，而准时化生产又包含两个要素：一个是整流化的生产线即"一个流"生产方式，另一个就是拉动式生产方式。两者相辅相成。

传统的大规模生产方式形成了大量的存货，导致问题被隐藏，造成了流程上的极大浪费。从供给与需求的角度来看，大规模生产方式属于"推动式"的生产，即不考虑下游是否需要，只从规模经济的角度出发，"囤积"货物。

在福特发明流水线生产方式时，T型车处于供不应求的情况。流水线式的大规模生产形成的大量产品，可以在较短的时间内销售出去。这时候，库存的影响似乎被弱化，大规模生产也没有表现出不适的"症状"。但是，当消费者对汽车的需求渐渐多元化时，流水线的弊端慢慢暴露出来。回归到本质，就是规模化生产未能顺应供给与需求关系的变化。

拉动式生产就是为了消除"推动"的弊端，协调供需关系以消除浪费的精益手段。

案例 1　保险杠的拉式生产

在传统的推式生产中，我们可能需要接收并处置多余的存货，为此我们不得不提供更多的场地，更多的时间，更多的管理投入，而且还不一定保证有效率。如果我们把生产中的下一个环节当作客户的话，流程之间的在制品就是大量存货，所引发的问题就是上一节讲到的批量生产带来的各种问题。

那么，拉动式生产方式是什么？这一概念又是如何产生的？

大野耐一认识到，为了保证流程的顺利运行，持有存货是必须的。但是，在推动式的生产方式中，很容易就会产生生产过剩的情况，形成极高的库存成本。举例来说，因为每个部门都会按照事先对客户需求的预测进行生产，而客户的需求可能会随时改变。为了减少设备切换（这一过程往往会造成高成本）的情形，A部门会首先生产数量最多的a产品。而这种产品却可能不是B部门被需要最多的b产品所需要的原料件，因此，A会在生产b产品所需要的原料件时加大生产量，作为存货，以应对B部门的需求。所有的部门都存在这种情况，于是大量的存货产生。

大野耐一在观察风靡美国的超级市场时发现，超市会储存一定量的存货，当货架上的产品被消费者买走时，超市会从仓库提取该产品补充到货架上，也会在必要时候向供应商发出取货的订单；假如货架上的产品没有被买走，自然不需要补货，也不需要从供应商处订货。受到这种模式的启发，大野耐一开始假设一种减少库存的流程，于是产生了"从后工序到前工序取件"的拉动式生产——每拉动一下后一道工序，这条生产线就紧一紧，从而带动上一道工序的运转，消除了库存。

丰田公司不仅自己推行拉动式生产，还致力于向其供应商和合作伙伴推行这一方式。其在北美的保险杠供应商弗莱克斯—N—盖特公司就是其中一个例子。

1970年，沙希德·卡恩进入弗莱克斯—N—盖特公司下属的保险杠公司工作时，他见识到的是大规模生产的车间。在那时候，批量生产是一件非常正常的事情，大批量地采购原材料也是理所当然。因此，保险杠公司有专门的仓库，用以存放钢板原料，并且会储存保险杠的半成品，以便批量运送至镀铬厂统一镀铬……一切都是典型的批量处理模式。1989年，保险杠公司成为丰田在北美的独家保险杠供应商，其批量生产方式与丰田的拉动式生产发生了冲突。于是，丰田派人到卡恩那里，指导他们进行拉动式的精益生产改善。

丰田的工作人员知道，让现有的工厂转变为完全的"一个流"是不现实的，只能一步步来。于是，他们先致力于将原本冗长的2个小时的换模具的时间压缩到十几分钟。

保险杠的生产流程是，放板材，下料机将板材切割好，然后送到冲压机床处加工成形，接下来成形件镀铬，再回到焊接车间焊接，最后出货。

工作人员把工厂现有的设备重新组织，将整个处理流程衔接起来，并规定，只有被下一步拉动时，整个流程才运转起来。也就是说，下料机只有从冲压机处得到信号才干活，冲压机只在接到焊接车间的指令后才生产。

由于当时大部分客户仍是大批量订货，保险杠公司仍然采用日进度表方式生产，不过实现了订单的均衡化（关于均衡化的问题将在下一节讲述）。比如需要A10 000个，B 8 000个，则安排每日各生产500个和400个。日进度表交到焊接车间，焊接车间生产A所需的各部分零件用完后，焊工会把空零件箱和有关的看板、信号卡等放到短滑轨上，滑回冲压机床，这相当于给冲压机床发送了工作的信号。同样，冲压工耗用完生产A的材料后，会向下料机发送信号，索要材料。

由于换模时间的压缩以及生产线的整合，保险杠厂拥有了快速对客户需求做出反应的能力，从钢板入库到保险杠送到客户手中所需的时间由4周变为2天，质量也得到大幅提升。到1995年，该公司已经连续5年没有向丰田发送过一个不合格的产品。所有这些，都是流动思想和拉动式生产思想结合的产物。

理念 1　　　　　　　堆积的浪费

试想一下，在我们的日常生活中，各种生活必需品的采购是如何进行的？不同于生产者和销售商，一般家庭不会拥有足够大的仓库用以储备各种用品。我们通常会选择在需要的时候去一趟商场，采购少量的食物、衣服和其他物品。其中的大部分会被很快消耗，多余的食物会被放进冰箱贮存，并在短时间内被吃光；衣服也会放进衣柜。很少有人会一次采购大批量的食物，因为我们清楚地看得见食物堆积带来的腐败和蚊虫；也很少有人会大批量地贮存衣物，因为没人想在半年或者更久后穿上已经过时的服装。

有需要才会购买，在消费者眼中，这些都是很明显、很常见的逻辑。但是，在提供产品的企业眼中，似乎不太关注这一逻辑。也许正是买卖立场的差异，让企业看不到真正有价值的地方。

在精益思想的指导下，企业需要学习从客户的角度看待问题，做能为客户提供价值的事情。那么，用客户的角度来看待企业生产流程的时候，我们会很容易发现推式生产的弊端。于是，当客户需要时再生产的拉式制度被提上思考日程，以取代通过预测客户需求而生产的推式制度。

辅助阅读

拉式生产需要系统支撑

西子奥的斯电梯公司是中国电梯、扶梯生产基地之一。西子奥的斯公司实施"拉动式"生产，这种生产模式以"订单拉动"为主体。该公司管理者曾经说过："如果没有订单，我们宁愿不进行生产。"在该公司里，生产命令由市场订单发出，但是如何在最短的时间内完成订单所下发的任务呢？这就需要对整条供应链进行系统化的管理。

如果采用推动式生产方式，该公司的采购人员必须在当月月末时将下一个月生产所需的原材料和配套产品采购完毕，整个计划周期是 30 天。但是，当生产管理方式转变成"拉动式"后，西子奥的斯从生产到出货的全部时间便被缩短至 2 个小时。

比如，如果按照合同规定，下游客户在某日中午 10 时前去提货，那么西子奥的斯就在当日上午 8 时开始进行生产。生产前，由统计部门根据客户订单，计算出生产所需的所有原材料和配套产品的数量；然后将统计单发送至上游企业，要求其在生产开始之前将所需材料和配套产品送至生产场所。一旦原料被运达，即刻开始生产。而生产完成后的成品，则立即被下游客户提走。

在西子奥的斯的生产厂区基本看不到库存原料和成品大量积压的情况，只有极少量因为订单变化而产生的库存。不过，需要提醒大家的是，拉动式生产管理不是独立存在的，其成功实施需要依赖于适用的支撑体系，如现场支撑、质量支撑、装备支撑。

(1) 现场支撑。

运行状态基本良好的现场是实施拉动式生产前的必要准备，也是保证系统能持续运行的必要支撑。如果现场无序和混乱，那么势必会影响需求拉动式系统的运行和效果。所以，在确定实施拉动式生产方式前，企业管理者必须先对现场实施5S管理。

(2) 质量支撑。

良好的产品质量可以使生产系统更为健康高效地运转。通过实施ISO9001和QS9000质量标准，落实标准体系要求，履行"预防为主"、"一次做好"、"持续改进"的原则，切实提高产品的实物质量，从而避免不良品产生而造成的浪费。

(3) 装备支撑。

有效的装备保证直接决定着拉动式生产系统的实施效果。企业需要通过全面生产管理对装备进行全员维护，将传统的抢修式管理转变为预检修式管理，及时分析和控制装备故障，这样一来，不仅可以保证产品的准时交付，还可以大大降低生产成本。

只有在这些资源的协调支持下，企业才能成功实施拉动式生产。否则，任何"拉动式"管理、实现低成本目标，不过是一句空空的口号罢了。

案例2　　　　　丰田的看板制度

实际上，最理想的零库存状态就是真正的"一个流"生产，但是，由于部门与部门之间总是存在断层，拉紧的需求经常无法得到即刻的满足，因此，只能选择一种折中的方案，即保存适量的库存。于是，大野耐一又发明了看板制度辅助拉动式生产。

下面，我们来看一个丰田组装厂的看板制度。

当组装厂从汽车经销商那里获得顾客订单后，管理部门会拟定一份均衡的生产日程表。当车体焊接部门使用了一定数量的钢板后，就会向钢板压制部门传送一份看板，通知他们再造一批钢板，送到货栈。

同样，当组装线的作业工人开始从零部件箱取用零部件时，他们会在邮箱中放置一张看板。一位材料处理员会定时查看邮箱，取出其中的看板，回到货栈取出相应的零部件，补充到组装线的零部件箱中。另一位材料处理员遵循同样的步骤，向零部件供应商那里取货，补充零部件货栈。

丰田公司所使用的看板主要分为在制品看板（包括工序内看板、信号看板）、领取看板（包括工序间看板、对外订货看板）、临时看板三大类型。

在准时制生产方式中，丰田汽车公司的计划部门会集中制订月度生产计划，同时将月度生产计划传达至各工厂以及协作企业。与此相应的日生产指令，只下达到最后一道工序或总装配线；对其他工序的生产指令，则通过看板来实现。也就是说，后一工序"在需要的时候"，用看板向前一工序发出生产指令，领取"所需的量"。

在看板的使用过程中，丰田汽车公司还专门总结了三大应用原则，即：后工序领取、适量运送、根据看板进行现场管理。在这三大原则的指导下，丰田汽车公司对产量作出了有效调节，带来生产率的大幅提高；同时，也能够使生产过程中存在的问题及早暴露出来，使公司能够尽快采取相应的改善对策。

理念 2　　　　　拉动思维下的看板管理

看板管理在生产现场的运用起始于丰田汽车公司。从概念意义上讲，早期的看板管理仅仅是在板报上通知相关产品的生产和使用信息等。但是发展到今天的现代企业，看板管理的运用早已不仅仅限于板报的利用，而是已延伸到了生产现场的标准化控制及精细化操作上，如生产现场采用的现场作业指导书、标准生产样本等。

看板管理是采用逆向思维的方法，转推动为拉动，即从最后一道生产工序开始往前推进，每一道工序都把后一道工序看成自己的用户，按照客户需要进行生产，而客户把自己的需要详细地写在一块醒目的板上，以此来控制整个生产过程。

看板的种类很多，比较常见的是指导流水线作业的"生产指示看板"和指示领取物品的"领取看板"，这是推动精益生产的基本看板类型。如表3—2就是一个典型的用于生产指示的工序间看板。

表3—2　　　　　　　　　　某生产的工序间看板

前工序：热处理	零件号：	使用工序总数：2
出口位置号：POSIND.4—5	As——36706B 联接机芯	入口位置号：POSIND.5—6

表3—3是一个典型的物料领取看板。

表3—3　　　　　　　　某产品的材料领取临时看板

领取看板			
产品编号		被编号	工序
产品名称			
货柜收容数	货柜号码	批量数目	

作业人员利用这些看板来传递工序间的信息流，以协调生产流程中的资源配置和生产节奏。拉动看板对企业的影响涵盖了多个方面。

（1）削减库存量：由于物料领取信息由后工序向前工序发出，所以库存量可以得到有效的控制。

（2）杜绝过量生产：拉动看板由后一道工序告知前一道工序生产信息，这就绝对不会出现传统生产方式下经常出现的过量生产浪费。

（3）控制 WIP（在制品）量：看板使得工序间在制品的传递有序而紧凑，有效地缩减了在制品数量，并且使传递更流畅。

（4）实现岗位可视化：看板的使用，可以使生产线的可视化管理上升至一个新台阶。

（5）加强生产线柔性：由于看板可以指示生产，使生产线能够更加灵活地适应市场变化，提高生产柔性。

虽然看板制度是一种非常有效的拉动式生产工具，但是它并不等于精益生产。实际上，丰田人认为，我们应该集中力量减少甚至消除看板，而不是让看板越多越好。因为，看板的存在说明流程中仍然存在存货，看板只不过是一个缓冲工具，真正的精益是实现彻底的零存货。当我们不再需要存货，只要客户需要就可以迅速生产出产品的时候，也就是做到了"在必要的时候迅速提供必要的产品"时，才实现了百分之百的"一个流"。

辅助阅读

现代生产制度下的看板种类及作用

见表 3—4。

表 3—4　　　　　　　　　　看板管理事例

管理方面	看板类型	看板作用
工序管理	进度管理板	显示是否遵守计划进程。
	工作安排管理板	在各个时间段显示哪台设备由谁操作及作业顺序。
	负荷管理板	一目了然地表示出哪些部分的负荷情况如何。
	进货时间管理板	明确进货时间。
利益管理	目标实绩管理板	经营理念、宗旨、中长期战略、行动计划的展示，揭示并解说经营理念、宗旨等。
	利益目标实绩变化表	揭示是否达成利益目标，明确利益目标的完成情况。
现货管理	库存显示板	按不同品种和放置场所分别表示。
	使用中显示板	不同型号、数量的显示。
	长期在库显示板	明确区分使用状态。
	库存周转率	显示资产的占用。
作业管理	作业顺序板	在推动作业的基础上明确标示必要的顺序、作业要点，为确保品质安全等。
	人员配置板	每个人对全员状况一目了然，便于相互调整维持各人能力的平衡。
	刀具交换管理板	在各机器上标示下次刀具交换的预定时间。
设备管理	动力配置图	明确显示动力的配置状况。
	设备维护日历	明确设备的计划维护日。
	设备维护显示	记录下异常、故障内容作成一览表。
品质管理	管理项目、管理基准显示板	将由作业标准转记的管理项目、管理标准显示面板贴在醒目的位置。
	异常处理板	发生故障时的联络方法、暂时处理规定。
	不良揭示板	不良再次发生及重大不良实物的展示。

续前表

管理方面	看板类型	看板作用
事务管理	交货期管理箱	使交货期限看起来更清楚。
	去向显示板	将成员的出勤、缺席、去向、返回时间、联络方法等一目了然。
	心情天气图	出勤状况和心情一目了然，大家可给予相互照顾。
	车辆使用管理板	车辆去向、返回时间等使用状况一目了然。
员工士气管理	小团队活动推进板	小团队制成各种不同题目的状况表，在现场显示。
	工序熟练程度提示板	对成员的技能清楚显示。
	新职员的介绍板	新伙伴的介绍。

第 3 节　均衡化生产

不管是在精益的"一个流"中，还是在折中的拉动式生产中，均衡化的概念都非常重要。生产的均衡化就是指生产过程的平稳运行。事实上，百分之百的"一个流"生产方式并不适用于所有生产过程，均衡化生产是非常必要的一种补充和协调。在纯粹的"一个流"生产中，紧凑的工序必然需要稳定的流动节奏，也就是稳定的生产步调。可以说，平稳化生产是实现"一个流"的基础。

均衡化生产需要解决下面三种情况。

第一，在同一件产品的生产过程或同一工作任务执行中，不同的环节所耗费的时间不相同，如何平衡各自的节拍，实现整个任务的顺利是一个重要问题。

第二，在推行拉动式生产的过程中，很多企业会采取接单式生产方式。但是，当工厂承接了大量不同产品的订单时，生产可能存在先后的问题，这时，客户领到货物的时间就会出现差别。这时候，拉动式的生产方式其实并不到位。为了解决这个问题，实现拉动式生产的完善，向一个流生产方式推进，进行均衡化的生产就非常必要。

第三，在接单式的生产中，由于客户需求的波动性，企业在不同时间段里接收的订单数量会有差异，这就会造成工厂的工作负荷产生较大波动，或者是工人连续加班，或者是有大段的闲暇时间。这对企业来说并不是高效的现象。

其中，第一种情况的关注点在工序的节拍上，而后面两种情况则集中于整个生产过程的负荷均衡化。

案例 1　　丰田公司按生产节拍供应物料

精益生产并不是一个极具规律性的事物，它存在着很多只可意会、不可言传之处。一个直观的感受是，对生产节拍的控制是丰田公司一个铁的原则。所谓节拍，是指将生产时间细化到每一件产品上。例如，如果月产量为 5 000 辆车，作业时间为 25 天，每天两班制工作共 16 个小时，那么生产节拍即是每辆 4.8 分钟。

在丰田公司，打造每辆 4.8 分钟的持续出货机制是非常重要的。为了保证生产节拍，即使使用人海战术，或加大设备投资，或在易产生次品的工序准备安全库存，也在所不惜。但无论如何，丰田公司都绝不会向成本作出妥协。事实上，丰田公司曾专门为其制造厂制定了发动机的出品时间——早上开始铸铁，晚上就要组装为成型汽车，在院子里能开动起来。

在确保节拍的基础上，大野耐一提出了"不管是生产 1 辆还是 1 000 辆，单位成本都要一样"的口号。这与传统观点是完全相悖的。因为，人们通常认为，小批量生产的单件产品成本会较高。

但是，如果从资金管理的角度来考虑，大野耐一的口号却有其合理性。我们假设两家汽车公司的月产量都是 40 辆，A 公司每天生产 1 辆并出货，B 公司以"汇总生产"的方式生产，最后第 40 天一次出货 40 辆。批量大的 B 公司因换线时间少，单位成本似乎更低。但在现金流和资金占用率方面，A 公司显然有更大的优势，它每天都只需投入 1 辆汽车的材料费即可，而 B 公司则要在月初便投入 40 辆车的材料费。此外，如果 B 公司的月平均库存量为 20 辆（40 辆/2），就要额外准备 20 辆车的资金作为周转资金，而 A 公司却可以拿这 20 辆车的资金进行再投资。

这个资金节约策略的结果就是，实现了"只生产必要的东西"的订单式生产，并可将"零库存"理念付诸实施。其实，丰田公司之所以对节拍如此重视，力保实施严格的即时化生产，正是因为它与众不同的成本观。

理念 1　　节拍的均衡控制

要更深入地理解均衡化生产的内容和意义，不得不提的一个概念就是"节拍"。节拍（takt）是指连续完成相同的两个产品之间的时间间隔。

我们常说"控制好了节拍，就控制好了流程"，所指的正是生产节拍对工作流程所产生的重要影响。由于节拍直接影响流程的运行状态，所以我们可以通过对节拍和工作周期的比较分析，在需求稳定的情况下，采取针对性的措施进行流程调整。

当作业节拍大于工作周期时，如果按照实际作业节拍安排工作就会造成产出过剩的现象，导致出现产品的大量积压、库存成本上升、场地使用率紧张、设备大量闲置、人员待工等现象。而当生产节拍小于生产周期时，生产能力无法满足生产需要，工作流程中就会出现加班、提前安排生产等问题。并且，如果节拍随时可能发生变化，那么我们将很难掌控流程运作进度。但是，如果流程中的节拍能够始终保持事先确定的状态，流程作业的各环节便会处于最理想的连续流动状态，最大程度地实现"一个流"。

因此，流程运作前，我们应最先考虑节拍问题，以实现均衡化的生产状态。以生产类企业为例，如果必须成批制作产品，预先设定了一个流程每天（或单位时间段内）必需的产出，并为之制订生产计划、设备计划、人员计划和操作顺序编制，那么必须考虑生产节拍是多少。因为每个节拍都对流程的产出速度起到一定的限制作用，并影响着其他生产线上生产能力的发挥。下面，我们就介绍生产节拍的控制和调整方法。

对生产节拍加以合理控制，就是要尽可能地缩小工作周期和作业节拍之间的差距，通过二者的对比分析来安排企业运营中的各项活动，使生产运作保持均衡状态。

那么，如何达到这一目标呢？关键在于瓶颈工序（瓶颈工序是指流程中生产节拍最慢的环节）的处理。当节拍控制不当时，就会出现瓶颈工序，直接影响整个生产线的生产能力。我们要针对瓶颈工序进行合理的改善，以达到平衡目的。对此，我们可以沿用以下思路：

➢特别注意对瓶颈工序的分析。

➢拆分瓶颈工序是实现平衡的有效方法。

➢将作业者增加至瓶颈工序。

➢对相关工序加以合并。

➢将作业时间少的工序加以拆分，然后置于其他工序中。

➢改善作业，以减少工序作业时间。

我们可以将上述思路运用到实践中，帮助我们实现生产平衡。下面我们通过一个案例更好地展示其中两条思路。

假设某产品需经四道工序A、B、C、D加工，其加工所需时间，如表3—5所示。

表 3—5　　　　　　　各工序工时及产量表

工序	工时（分钟）	产量（个）
A	20.0	3.0
B	15.0	4.0
C	30.0	2.0
D	12.0	5.0

其生产现状平衡图如图 3—5，图中灰色区域为工序的空闲时间段。

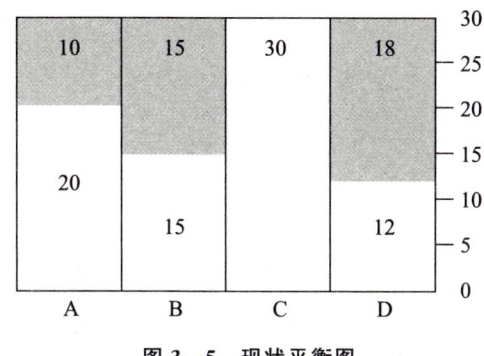

图 3—5　现状平衡图

从图 3—5 中，我们可以清楚看到：C 工序为瓶颈工序，下面我们运用各种思路来解决问题。

（1）增加作业者。我们可从图中得知，C 工序工时为 30 分钟，如果我们再增加一个作业者，那么就可以使各工序生产保持基本平衡状态。改善后的平衡图如图 3—6 所示。

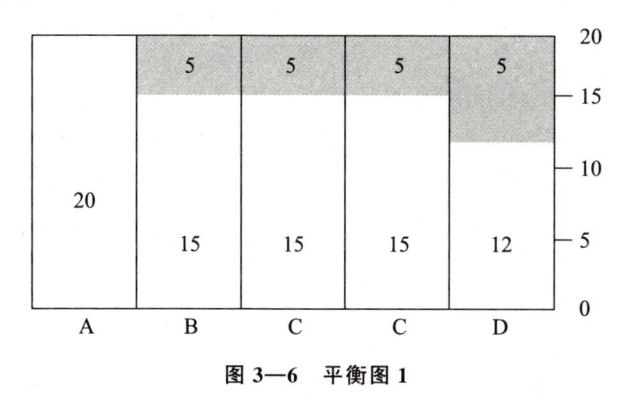

图 3—6　平衡图 1

（2）拆分作业。如果我们将 C 工序中的 30 分钟工作进行研究，拆分为 3 个部分，将其中的 10 分钟分别交给 B 工序 4 分钟和 D 工序 6 分钟，则 C 工序作业时间降至20分钟，B工序增至19分钟，D工序增至18分钟，而此时整体作业时间由30分钟降至20分钟，工时损失也由每次生产浪费43分钟变为3分钟，平衡图如图3—7所示。

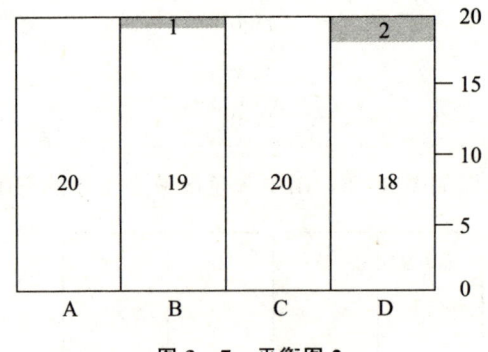

图3—7 平衡图2

通过改善，我们会发现工序节拍更加接近，整条生产线的负荷更加平均。当然，不同的平衡手法，其产生的改善效果也不尽相同。在实际运用中，我们要通过实际研究选择最优的改善方法，使生产节拍控制得更到位。

> **辅助阅读**
>
> ### 节拍盲目提速反浪费
>
> 管理学界有句话，"调整好了节拍，就控制好了效率"，所指的正是节拍对效率的关系。为此，很多企业盲目追求效率，对当前所有能够提速的节拍全线提速，但是结果却难遂所愿，企业赢利反而走上了下坡路。
>
> 一家企业的生产经理进行作业效率改善，某些环节的生产效率较他改进前提高了20%，只有个别环节的生产效率保持原状。这位生产经理说："即便是这些维持原状、未能提速的环节，我也考虑过，它们的效率也只能达到这个水平了。"然而，恰恰是这些保持原状的环节成为他效率改进的障碍。因为，其他环节的节拍都在提速，而单单这个环节维持原貌，那么前期提速的环节所创造的效率便被无情地拖了后腿，所有努力到这个环节便全部搁浅。
>
> 在同一企业组织中，因工作节奏不和谐而造成的等待的浪费更是数不胜数。比如前一道工序节拍过长，那么后一道工序可能就需要付出一定的等待时间；前一道工序效率过快，那么产成品到了后一道工序又可能出现堆积。
>
> 所以，效率与节拍的追求不可盲目，否则仍然是在制造浪费。

案例 2　　　　川崎造船的精益生产管理

日本的造船模式被人们称为"当今世界上最先进的造船模式",而作为日本造船业的标杆性企业川崎造船,其精益生产模式更是值得认真研究和学习。

川崎造船厂的生产目标极为明确:缩短生产周期,提高生产效率,降低生产成本,保证生产质量,从而获得好的产品利润。基于此,川崎造船厂格外看重对以下方面的管理。

一是一个流作业。

在传统造船模式下,企业为了扩大生产规模,往往会追求设备利用率,全面组织批量生产。然而,生产准备时间长和在制品库存多,这是组织批量生产的特征。而造船生产的最大浪费就是生产过剩。

但是在川崎造船厂,每一个部件和中间产品都需要做到持续不间断地生产,按内外部客户的要求,按时完成生产——不提前、不拖延。把相同类型的中间产品,逐件、不断地组织传送带式的生产流程,也就是"一个流作业",这使得川崎更有效地实现了零库存管理,从而大大减少了生产过剩的问题。不过,在一个流作业下,一旦作业出了问题,即需立即予以解决,否则生产就会出现停顿,直接影响后续生产。

比如,传统造船的板材和型材皆为批量加工的;加工完成后,被存放在堆场里,然后按进度进行理料,再分类分批提供给加工车间。而川崎造船厂的运作模式是:将板材和型材在工场按构件装配平面和曲面进行分道切割加工,然后连续不断地提供给分段流水线。这样一来,便节约了堆放和理料时间,同时缩短了生产周期。

而且,因作业要求,第一天切割加工好的材料,第二天便会被用于装配和分段制作,所以一旦有质量问题,便能够迅速作出反馈,马上解决,不会影响到下道工序生产。在这样的运作模式下,作业人员也会主动思考,自主发现问题和解决问题的能力大大提高,生产效率随之提高。

二是实施均衡化生产。

为了保证连续生产,更好地实现一个流作业,同时又能满足产品需求的节奏,川崎造船厂严格设计生产节拍,并要求各环节做好协调,以实现均衡化生产。

在造船作业中,生产节拍可以是每半天合拢两个标准分段,也可以是每20分钟交付一个托盘的管子。生产节拍是生产管理中的一个对象,通过建立生产节拍推行均衡化生产,可以使生产运作更为流畅。但是,生产节拍并不等同于生产周期。

比如，20分钟可生产交付一个托盘的管子，而下道工序每1个小时需要一个托盘的管子。这样，生产周期就小于生产节拍。如果满足生产节拍要求，生产能力必然被放空，导致待工或设备产能闲置；如果上一工序生产连续不断，必然造成大量的库存积压。这两种情况都会造成极大的浪费。反之，如果生产周期大于生产节拍，那么就需要提前安排生产或安排员工加班，做好一定的库存储备，以此来满足生产节拍所需。

为了避免上述浪费，川崎造船厂积极组织均衡化生产。在此过程中，川崎会灵活调配各项资源，使生产周期与生产节拍保持基本一致状态。

总而言之，一个流与均衡化生产模式，使得川崎造船厂既保障了船舶制造质量，又实现了有效的成本控制。时至今日，川崎造船厂已然在日本重工型企业中占据了重要的地位，成为日本五大造船企业之一。

理念2　　生产负荷的均衡化

节拍是指产出两个相同产品的时间间隔，或是完成同一工作任务所需要的时间。节拍是实现工作规范化的依据，也是确定工作量的依据。在实际生产中，节拍最大值即为整条生产线的效率，控制节拍是实现均衡化生产的基础。

在川崎造船厂的均衡化生产中，他们主要解决的还是工序间的节拍均衡问题。实际上，在调整了工序的生产节拍之后，下一步就应该对另外两种不均衡情况进行管理，以实现生产负荷的均衡化。

在百分之百的一个流中，企业可以按照客户订单的顺序生产产品，这时候生产的过程可能是A、A、A、B、C、B、A……但是，这种情况显然会使生产这些产品所需的零部件的生产和加工产生极大的波动性。而且，由于各种加工耗时和人工的不同，从整体来看就会造成各种资源使用的不均衡。这时候，生产的过程并不精益。明智的做法是，企业可以根据某段时间内客户的总体需求进行平均化的生产日程安排，实现此阶段的生产平稳。

举例来说，假如一家企业需要生产三种不同规格的产品A、B、C。在一般的需求状态下，A的需求量最大，B次之，C最少。这时，企业的选择往往是先在一周的开始几天集中生产A产品，然后生产B，最后的时间生产量最少的C。这种方式会出现下面的弊端：

（1）资源使用不均衡。因为不同产品对资源的耗费并不相同，因此这种生产方式会导致资源使用的波动。比如，A需要的人工最多，C最少，那么在一周的头几天就会需要大量的工人，而临近周末则只需要少数人工。这对人力资源的使用效率是一个挑战。

（2）需求波动造成生产危机。客户的需求具有不可预测性，当需求变动时，就会打乱按部就班的生产方式。比如说，需求最少的 C 产品突然出现了加急订单，不管是生产商自己，还是零件供应商的步调都会被打乱。或许企业拥有存货储备，但是这个存货是按照什么标准设置的？是否会形成高昂的存货成本呢？

在前文中我们讲到，压缩换模具的时间使得生产线的转换更加迅速，保证了企业对客户需求的迅速反应。保险杠公司在采用日进度表方式生产时，采用了订单的均衡化安排，比如每月需要两种产品各 10 000 个和 8 000 个，则安排每日各生产 500 个和 400 个。这个过程是怎么实现的呢？

首先，为了生产不同产品而进行的设备切换工作是一种不产生价值的活动，但又是不得不进行的活动。这就要求这一活动的时间应该尽可能地缩短。丰田的工作人员分析发现，更换设备的时间之所以耗时，是因为工人进行这项活动的第一个步骤就是停止原有模具的工作，然后运来另一种产品生产所需的模具、工具、零件等等，再进行更换。在这个过程中，不可避免地发生了大量的搬运。实际上，这当中的很多工作可以在前一种模具还在工作的时候完成。如果企业把不同的设备工具和零件都整合到一起，形成一条混合式的生产线，就可以节省搬运的各种耗费。

实际上，在数年前需要花费几个小时的换模时间，如今只需要几分钟就可以完成，甚至有的团队将其压缩到了几十秒。而更换设备时间的迅速缩短，使得生产线在不同产品之间的迅速切换成为可能。

在这样一个前提下，企业就可以更好地安排工作表，实现各种产品的均衡化生产了。还以上面的企业为例，他们的日生产模式就可以变成 A、A、A、B、B、C 类似的模式了。

至此，企业建立了基本的均衡化生产模式。但是，客户的需求仍然会出现大的波动，有的企业甚至面临淡季、旺季的规律性交替。这时候，难道要让突如其来的订单打乱已有的均衡化生产吗？答案是否定的。面临这种情况，丰田提出，企业应当持有少量的成品存货。这一点，同流程中持有必要的零件存货用意相同。零件存货和看板拉动促进了一个流作业，而成品存货则保证了生产的均衡，与一个流形成互补，更好地实现了精益。

其实，在均衡的生产模式下，企业实际已经形成了某些产品的固定存货。比如上述的三种产品，假设 C 是一种季节性的产品，现有的生产模式下就是在均衡地储备存货，以应对旺季来临时的大量需求。而多生产的 A、B 类产品，则可以用以应对额外的需求。

> **辅助阅读**
>
> ### 精益三种方式的关系
>
> 　　精益生产方式中有三个 m，分别是 muda（浪费）、mura（不均衡）、muri（负荷过重）。其中，muda 浪费是指未能创造价值，这是精益生产方式致力于消除的东西，是精益生产的重心。但是，另外两种 m 同样重要。
>
> 　　muri 负荷过重是指员工或者设备的利用程度超出了合理范围，这将导致员工安全或者设备故障问题，同时可能伴随产品质量问题。因此，负荷过重也是精益生产中应该避免的问题。而 mura 不均衡可以看作上述两种情况的结果。
>
> 　　实际上，一个流生产的关键在于消除浪费，拉动式生产的关键也是消除浪费，同时完善一个流生产，而均衡化生产则更加强调 muri 和 mura 的消除，是对前两种生产方式的配合与补充。可以看出，精益管理的这三个主要内容是相辅相成的关系，能够平衡三者才是精益的最高境界。

第4章 精益应该注意什么

精益管理思想的推进需要关注几个基本的前提，那就是在确保工作效率、产品质量和作业成本的基础上，尽可能进行创造性的改善。

解决的问题：

效率的极限化；

品质的保证；

成本的控制；

创新与变革。

第1节　效率的极限化

第3章提到的精益生产的几种基本手段,在消除浪费、平衡生产、创造价值的过程中,都兼顾了一个重要问题,那就是生产的效率。

高效率是精益管理的一个重要要求和目的。大野耐一列举的7类浪费情形全都直接或间接地与效率相关。比如说,各种等待和不必要的搬运、动作,都是浪费时间的表现,而这些浪费的消除就是节约时间,提高效率。

效率一直是企业竞争力的重要指标。效率的提升可以通过多方面的手段实现。在本节中,我们着重介绍标准化工具。标准化作业是广泛推行的、相对简单实用的效率提升工具,可以成为精益管理的基础性工作。从现有的推行标准化作业的事例中,我们可以看到标准化工具带来的一系列优势。但是,标准化的推行本身也需要精益思想做指导,以便发挥更持久、有效的作用。

案例1　伊藤洋华堂聚焦配送效率

1993年度,伊藤洋华堂开了了一项利润纪录——实现了经常利润1 000亿日元。这在整个日本流通业利润水平中处于最高水平,甚至比在规模上处于第一位的大荣公司(同年度为240亿日元)高出4倍之多。

而伊藤洋华堂之所以能够取得如此迅速的发展和良好的经营业绩,主要是因为其确立了独特的经营机制和物流管理模式,大大提高了经营和配送的效率,这为其高收益提供了足够的保障,奠定了坚实的基础。

(1) 从订货到销售的作业流程。

物流系统是伊藤洋华堂整个经营体系中的重要组成部分之一。

伊藤洋华堂首都圈的店铺供货,全部由伊藤洋华堂自己的配送中心崎玉配送中心和共同配送中心来完成。这两大配送中心作业流程的区别仅在于二者处理和配送的商品种类略有不同。

各店铺中的作业完成,实行各单物品POS(销售终端)数据的灵活运用,主要是根据前一天的销售数据(如为生鲜产品和乳制品,则根据当天的销售数据)来把握各种产品的销售情况。同时,结合库存基准,确定下一步的作业形式。这种作业通常为两种形式,即:陈列补货和商品订货。

陈列补货是在货架缺货时及时进行补货、上架,作业时间是在每天8—10

时，商品订货是在出现断货时通过自动订货终端，向总部提交进货申请，作业时间一般是每天10—12时。

目前，物流配送中心实行的是"早上一次和下午一次，一日两次"的配送机制。

（2）配送中心的运作与管理。

在崎玉配送中心的一层，拥有35个货车停车位。每天7时开始进货，一天3次，相当于每天接纳进货车辆100多辆。配送请求"早上和下午各一次"传递到配送中心，崎玉配送中心为了提高物流效率，也是实施一日两次的商品配送要求。

而发货用的车辆每次达26辆，即：每天52辆货车实施配送。在小单位的商品物流作业现场中，还有全长3.85千米的传送带。配送中心借助激光扫描器来读取商品标签和条形码信息，不同店铺的商品会通过传送带来流向不同的分拣道口。而在各分拣口的终端处，停靠着承担各店铺配送任务的货车，每辆货车承担3~4家店铺的配送任务，各店铺的平均装载时间为30分钟。

配送中心二楼分拣处理好的商品，会通过传送带，流向一层的物流作业中心；当其与物流作业中心的货物混载后，会根据各店铺的订单分别进行配送。

配送中心的备货或配送方式会根据商品种类而差别处理。一般情况下，服装等商品，实行数码备货、衣架展示配送，而自产食品等实行分店铺货箱标签备货即：一个店铺、一个物流货箱，分别用不同的条形码加以区别，不同种类的商品都会被放在该货箱之中。

从整个物流作业的时间安排上看，一般7—10时、13—17时、18—19时；从生产商或批发商处进货，进货后处理从早上7时延续到中午11时，13时到晚上20时，所有进货业务共由54人来负责。

商品进货后，即刻进入分拣阶段，作业时间为7—11时，13—17时，18—20时，作业人员共计162人。

商品分拣后，9—13时、16—20时，将由42位作业人员负责堆放。

车辆配送的时间安排大多是从8时到13时，16时到20时。

整个票据的处理时间通常是在从8时到19时，票据处理人员共计48人。

（3）商品配送的组合模式。

伊藤洋华堂的商品配送，通常采用两种组合形式：

一是加工食品＋西服＋女装＋内衣＋日用杂货，这种商品组合在伊藤洋华堂也被称为"蓝色配送"；

二是服饰＋童装＋装饰材料＋日用品＋家电＋文具等，这种商品组合被称为

"红色配送"。

如果早上时段采用"蓝色配送"的组合形式,那么下午通常为"红色配送"的组合形式。反之,亦然。

从货车的平均装载来看,4吨的货车可以装载220～240件商品,而一般1件加工食品的平均价值约为3 800日元,这样一辆4吨的货车平均装载大约为100万日元的商品。而车辆所产生的费用约为25 000日元/日,如此计算,平均为1.5次货车的平均装载率为70%～80%。

可以说,伊藤洋华堂的整个配送体系都以精益为原则进行规划的。这种配送模式帮助其实现了及时化配送,同时又将配送成本降到最低,这些都构成了伊藤洋华堂的核心竞争能力。

理念 1　精益管理的效率要求

精益生产是一种追求高效率、低成本的生产方式,它要求生产必要数量的高质量产品。

在19世纪,福特汽车首推流水线生产方式,极大地提高了效率,成为改变世界的生产方式。从此之后,企业对于效率的追求一次次地实现跨越。后来,丰田汽车更是顺应时代变化,创造了丰田生产方式,从已经消失的效率优势中开辟新的效率之路。而这种优势经过不断的改善,形成了目前最高效的企业管理方式,那就是以客户需求为拉动的精益管理模式。

精益生产方式以消灭浪费和快速反应为核心,使企业以最少的投入获取最佳的运作效益,并提高市场反应速度。它强调,在开始生产前,先了解客户的真实需求,精确地生产出其所需要的产品数量。即按照客户需求的数量和销售的速度来进行生产,保证物流平衡。

像伊藤洋华堂从订货到销售的作业流程,便是在主推这种需求拉动的配送模式——根据销售反馈的实际需求,确认补货、订货数量,继而安排视频配送的时间和数量。

再如电脑行业中的戴尔公司,也可以称得上是此类管理的翘楚。当客户通过网上或电话下了电脑的订单以后,戴尔的生产流程就会被迅速拉动起来,任何被需要的配置都可在一周内生产出来并交付给客户。

伊藤洋华堂的例子说明,企业应建立起需求拉动式的流通系统,以客户需求为中心,从客户的立场出发,分析客户的价值流,为客户设计整套的物流解决方案,提供最大化的服务保障。

很多企业都在追求效率提升，但是，不少企业为精益生产投入了不少资金，却收效甚微。究其原因，往往是因为企业没有形成有效的作业标准，作业过程随心所欲，很多员工仅知"精益"之概念，而在操作时缺乏参照标准，那么又何谈更加精益呢？

企业应借助精益化来提供各方所需要的价值，而精益化实现的一个手段就是实现标准化。从前面案例中可以看到，伊藤洋华堂为自身设计了一套极为精益的商品配送模式，同时将这种配送模式在其各个配送中心予以推广，在内部实现了标准化管理。这使得伊藤洋华堂在配送领域实现了及时化，同时也有效控制了配送与供应的成本。

那么，标准化是指什么？它的作用是什么？标准化又适用于管理的哪些方面？我们接着看下面这个案例。

案例2　　丰田的标准化作业

有这样一位管理者，他的工作是负责管理一个拥有30人的子装配操作区域。一天，他发现自己所管辖的区域内，外购的部件短缺、自制的部件短缺，而有些自制部件则因不符合规格而无法使用。整个区域的运作远远落后于计划，小组长将自己所有的时间都用在催要各种短缺部件上。

随后，这位管理者与小组长一起加快装配速度、催促供应商，并且找到内部供应商，解决部件不符合规格的问题。经过两天毫无成效的努力后，该区域的作业仍然落后于生产计划。如果这种状况持续下去，必然会影响到交货期。

此时，该企业的价值流经理提出了一个建议：采用标准化作业。从那开始，管理者和这个区域的员工们开始立足于自身的流程，完全按照标准化的要求进行操作。当材料短缺造成生产中断时，他们就指挥团队从事其他任务，同时记录下造成此次中断的原因，并作出反馈。而其他部门则在一天之内将短缺部件一一补给，部件超差问题也得到了解决。

作业标准是现场操作人员和管理者多年实践经验的积累，代表了最省时、最省力、最安全的作业方法。通过对实际情况和标准的对比，员工发现浪费、解决问题的能力会得到提高，生产效率也会随之得到提高。

以丰田汽车为例，丰田之所以拥有强大的现场力，其中一个原因就是它做到了员工作业标准化。很多公司都有自己的作业规范，但是仅仅教员工如何进行简单的作业流程指示，之后让员工自由发挥，这种做法是起不到良好的规范作用的。

丰田汽车公司在运用标准作业时的要求格外严格，其缜密度甚至到了作业规范上如果写着"用右手操作"，就不能"用左手"的程度。对于同一操作，一般企业的员工可能会"同时按1与2按钮"，而丰田汽车的员工则会完全按照标准操作：按下1按钮之后，听声音确认盖子确实已经关闭，再按2按钮。

作业人员被要求按照作业步骤操作，如果没有达成操作要求，企业就会对包括作业人员在内的所有方面进行核查，找出问题根源。比如，对于上述例子，如果有理由或可以用左手，那么在确认这种操作的可行性之后，他们会对操作规范进行相应改动："在这种情况下，可以用左手操作。"

像丰田这种员工标准化作业方式，既解决了"做什么、不该做什么"的问题，又解决了"怎么做、先做什么、正常情况下怎么做、遇到特殊情况应如何操作"等问题，能够有效防止错误操作，提高作业质量和效率，并确保员工的人身安全。可以说，如果员工能实现作业标准化，那么会对精益管理产生极为重要的作用。

理念2　标准化助力效率提升

标准化为丰田提高生产效率和质量都作出了重大贡献。

将企业中各种各样的规范（如规程、规定、规则、要领等）形成文字，这就是"标准"或"标准书"。而制定标准后，依照标准而付诸行动，我们则称之为"标准化"。那么，为什么要进行标准化？标准化的优势有哪些？

我们可以将标准的主要特征归纳为以下几个。

（1）标准是最好、最容易操作与最安全的工作方法。当管理层要维持及改进某件事的特定工作方式时，要确认不同班别的所有工作人员，使之遵守同样的程序。这些标准会使工作运作最有效率、最安全、最容易取得收益。

（2）标准是员工工作多年的智慧及技巧的结晶，是保存技巧和专业技术的最佳方法。如果一位员工掌握了工作的最佳方法，但并未将此方法与他人分享，那么这种知识必然会因员工流动而面临流失。唯有将其予以标准化、制度化，这些在公司内的知识、方法才能得以保留。

（3）标准是衡量绩效的方法。凭借标准，管理人员可以更为客观地评估员工的工作绩效。反之，绩效评估的公正性就无从谈起。

（4）标准是防止错误再发生及变异最小化的方法。只有在改善成果予以标准化后，才能期望相同的问题不会再发生。改善者的任务是对每一个改善点予以确认、定义及标准化，而且要确认这些标准都能被严格遵行。

（5）标准是让问题点浮出水面的方法。如果没有严谨的标准，人们甚至无法洞悉问题的出处。而如果有了标准，那么问题便会迅速显现出来。在丰田工厂中，有人如此描述："因为有轨道，只要脱轨，马上就能察觉。"这便是推进遵循标准的益处所在。

我们可以这样认为：提高效率是标准化的基本作用，而在这一基础上，标准化同时实现了品质的保证和成本的控制，因此是精益管理的重要手段。

既然标准化这么重要，那管理者应该如何确定"标准"就成了最关键的问题。

对此，管理者的做法多种多样。最常见的做法就是：如果一项工作规定操作几次就操作几次，然后取其作业结果的平均值，以之作为标准。因为对员工而言这种方式确定的标准更容易完成，而取得的结果又不至于太糟糕。但是，如果从精益化角度来看，这就并非最佳选择了。大野耐一认为：应该以使用时间最短的那次或工作完成数量最多的那次作为标准。

大野耐一对此作出了这样的解释：之所以选择时间最短或数量完成最多的那一次作为标准，是因为那一次采用了最正确的工作方法。即使对同一项工作任务操作 10 次，并且每次都采用相同的操作方法，而时间上仍然会存在一定差异。其中时间最短的一次，恰恰是因为采用了最恰当的做法。但是，为什么其他 9 次却花费了更多的时间呢？即便时间实际上很短（也许仅仅是短短几秒钟），仍然应该分析出其多耗费时间的原因。因此，用"平均时间"作为标准是不精益的做法。

虽然标准化的目的是缩短时间，但在实施过程中也要注意操作难易程度。大野耐一为此举出一个例子。在执行某项任务时，员工们总是不小心碰掉螺丝帽，所以总是要花很长时间捡起来才能继续工作。所以，管理者要求员工们在螺丝帽掉落的过程中将之接在手中。对此，员工普遍认为"太难做到"。针对这个问题，大野耐一建议管理者们考虑以下问题：

为什么螺丝帽总是被碰掉？有没有让其更牢固的方法？这种失误是不是因为工人的工作量过大而导致，有没有必要减少工作量？……

这样一来，才能确定问题发生的根源，选择最正确的标准，切实解决作业时间过长的问题。

总结大野耐一的观点，"标准化管理"的标准应这样确定：

标准化作业不应采用"平均法"，而应在多次操作后，选择其中时间最短、工作量完成最多或产品质量最佳的一次，然后找出其他几次花费时间更多、工作量较少或质量不佳的原因。对于一些影响标准实现的可能性因素，应采用多种方法去除或规避。最后，让所有员工能够用最短的时间完成最多最好的工作。换句话说，标准化的目的不是实现标准，而是实现精益。

> **辅助阅读**
>
> ### 按动作经济原则设计动作
>
> 柿内幸夫是日本改善顾问股份有限公司董事长、首席顾问兼工程师。在生产管理方面，他一直建议人们按照动作经济原则来设计作业动作。
>
> 所谓"动作经济原理"，是指能以最少的"工"的投入，产生最有效率的效果，达成作业目的。该原理旨在寻求省时、省力、高效率的操作方法，对有效安排作业动作、提高作业效率、实现精益化管理能够提供很大的助益。
>
> 以生产部门的物品摆放为例，柿内幸夫会严格要求操作人员遵循动作经济四原则进行操作。
>
> （1）缩短距离。在决定物品的摆放位置时，要距离操作人员更近一些，以缩短搬运距离。
>
> （2）便于同时使用双手。操作人员两只手对称地同时进行工作，没有换手动作的作业方法。
>
> （3）减少动作次数。例如，减少操作人员动作中的"暂时放置"、"换手"这类"无谓"的动作。
>
> （4）轻松愉快。站在实际进行作业的人的角度来考虑，绞尽脑汁去思考是否存在更轻松的作业方式，进行最后的微调整。
>
> 通常情况下，主管人员可以借助人体动作设计、作业地布置、工具和设备等方法，来落实动作经济四原则。
>
> 以作业地布置为例，我们知道，生产现场的布置情况会对操作人员的动作造成很大影响。如在排列元件容器时，人们以往会将元件容器直线排列，使得部分元件的位置超出标准范围，取元件的节奏也不统一。如果将元件容器以弧形排列，都放置在标准作业范围之内，那么不仅动作距离被缩短了，生产节奏也会更顺畅。
>
> 而如果运用动作经济原则时，柿内幸夫则会根据现场实际情况，来发掘更合理的改善方法，制定标准作业方法，以最大限度地减少在人力方面存在的过多浪费。
>
> 表4—1是日产汽车公司的"动作经济原则"检查表，通过对每个项目的细化检查，改善者很容易找到更准确的改善点和更为详细可行的改善方法。

表 4—1　　　　　　　　　关于作业员动作的检查表

检查项目	细分说明	判定结果
消除不需要的动作	(1) 可否剔除寻找或选择某些东西的动作？ (2) 可否剔除需要作判断或特别注意的动作？ (3) 使用最好的姿势了吗？ (4) 可否剔除将工作从一只手转换到另一只手的动作（例如：用右手拿起工件，而后转换到左手）？	□是 □否 □是 □否 □是 □否 □是 □否
减少眼球的动作	(1) 可否用听觉来代替视觉的动作，以确认我们所需要的东西？ (2) 可否用灯号？ (3) 可否将所要的物件，都放在相关作业员的视线范围内？ (4) 可否使用不同的颜色来标示？ (5) 可否使用透明的箱子或盒子？	□是 □否 □是 □否 □是 □否 □是 □否 □是 □否
合并作业	(1) 可否在移动工作的过程中，同时完成作业动作？ (2) 可否在移动工作的过程中，同时也作检查？	□是 □否 □是 □否
改善工作场所	(1) 缩短距离有优势吗？ (2) 可否将物料和工具，安置在作业员正前方固定的位置上？ (3) 可否将物料和工具，依作业的顺序摆放？	□是 □否 □是 □否 □是 □否
改善工具、夹具和机器	(1) 可否使用较易取出零件的零件盒？ (2) 可否将两种工具结合成一种工具？ (3) 可否用按钮来替代操纵杆或手把，以便一个动作即能操作？ (4) 可否使用机械夹具？ (5) 可否使用摩擦装置或磁力装置？ (6) 工具能够预定位在摇臂上吗？	□是 □否 □是 □否 □是 □否 □是 □否 □是 □否 □是 □否

案例 3　　　　　　僵化的标准

标准化的基础实际上是泰勒的科学管理。泰勒强调分析各种操作动作，然后设计最精确的动作轨迹与时间，以此达到高效率。但是，这一点设计容易导致僵化和官僚主义，使得标准化变成对员工行为的限制和约束，引起员工的极力抵触。

第 4 章　精益应该注意什么

福特汽车是最先使用大规模生产方式的公司，这就是一种标准化的生产流程。这一生产方式极大地提高了生产效率，给福特带来了极大的利润，同时影响了全世界。福特的大规模生产方式遵循着泰勒的科学管理原则，制造工厂里也充斥了大量研究泰勒的时间与动作关系的工业工程师。他们认真工作，全身心地投入到对动作的研究上，分秒必争，以挤出哪怕一丁点的时间，似乎这就是效率追求的最有效方法。但是，工人们却不想让企业如愿。

员工知道，如果他们有什么节省时间的方法，一定会被企业借鉴并制定成必须遵守的工作标准。而显然，很多人并不喜欢这么高效率但是明显不够人性化的动作方式。于是，很多人选择偷懒、"藏私"，参与效率提升的积极性不高。而且，当企业过分关注作业动作的时间时，就会催生另一种不利情况：工人们会只注重速度，而忽视质量。这显然是更加不利于企业的情况。

在这种标准化制度下，工人被当成生产的机器，而这导致了员工的抵触。在丰田，却逐渐去芜存菁，实现了更有效的标准化。

丰田公司广泛采用了标准化的操作方法。丰田把标准化的工作定义为工人、机器和材料的最优化结合。丰田前总裁张富士夫说道：我们的标准化工作包含 3 个要素——生产的间隔时间、执行工作的各工序的顺序，以及手边存货量即某位操作人员为完成标准化工作需要持有的存货量。标准化工作就是以这 3 个要素来制定的。

丰田生产模式要求实际执行工作的人员制定工作标准，撰写标准化的工作程序，并设计品质管理工作。以丰田与通用汽车在加利福尼亚的合资企业 NUMMI（新联合汽车制造公司）为例，他们的工会鼓励员工参与精益改善。这些工人大多曾经受雇于通用弗里蒙特工厂，该工厂因为竞争力不足而倒闭，这使得工人们意识到，必须生产出好的汽车。而如果标准化可以实现这一目的，他们会非常乐意参与。实际上，NUMMI 允许员工积极参与、充分沟通并创新，而这些并没有阻碍标准化的推行，人们很乐意按照标准程序执行，一切工作都井然有序。

这说明，标准化的顺利推行并不是机械化的，它要求实施人性化的推动措施，让每一位员工认同并愿意遵循标准。而这，也是丰田汽车能够持续不断地改善的重要原因。因为，这种标准化的思想调动了员工的能动性，他们致力于不断提高效率同时提高品质，不再局限于固有的标准操作，对市场的反应更加灵敏。

理念 3　关注标准化实施中的问题

标准化的一个重要特征是，对各项操作进行非常细致的描述。这一点，从丰田的标准化工作中可见一斑。我们还有很多类似的例子。

经常听到有人这样感慨:"肯德基算是世界上分店最多的餐馆吧?可是它是如何保证顾客在任何分店吃到的食物都有一致的口味呢?"其实,关键就在于肯德基树立了自己的一套标准,对食物制作的过程实施标准化作业,保证在所有肯德基店做出来的食物口味都是相同的。

在进货、制作、服务等所有环节中,肯德基为每一个环节的作业结果都制订了严格的考核标准,包括刀刃粗细的限定、切肉菜与青菜的顺序、佐料搭配的精确分量、烹煮时间的分秒、配送系统的效率与质量,甚至在点餐、买单、规范用语等百道工序都设有近乎苛刻的规定。

事实上,只有像肯德基这样,按照标准化的程序和操作方法进行作业时,我们才更容易达到安全、准确、高效、省力的作业效果。很多企业都为工作环节设计了对应的标准,大到各种产品工艺流程的制定,小到一颗螺丝钉的摆放位置。但是,在生产过程中,相同作业人员之间的作业绩效却往往存在较大差异。这就是管理者需要注意的第一个问题。

之所以出现上面的情况,是因为企业虽然制订了标准文件,操作人员却没有完全按照标准来操作。其实,制定一种标准很容易,难点在于人们是否能够将这种标准落实。我们也能看到很多实施标准化管理的企业,因为操作人员未能按照标准操作而出现安全或质量事故。而这一点,需要企业管理人员的积极督促与相关制度的监督和激励。丰田对于标准化的推行为企业提供了很好的借鉴。

管理者需要注意的第二个问题就是标准化的发展。

丰田工机公司的董事岛吉男说:"标准化困难的地方,是标准并不是不可改变的。如果你将标准定得僵硬如石,那么将会失败。你必须认为标准是有弹性的。""一旦有了标准,而且被遵行着,假使你发现有了偏差,知道哪儿出了问题,你便可以接着检查标准,以及将偏离标准的偏差纠正回来,或者修改标准。这是永无止境的改善过程!"

我们讲,标准化是制定操作的规范,但是这并不代表标准是一成不变的。事实上,标准同样需要不停地改善。

在一些老企业中常常出现这种情况:标准制定后,企业上下数十年如一日地贯彻执行,但是到最后,企业的客户却对企业产品认可度越来越低,客户越来越少。那么,出现这种情况的根源在哪里呢?其实,问题不出在"标准"身上,也不是操作人员工作态度不认真,未按照"标准"执行或控制,而是因为标准始终一成不变,无法适应时刻变化的外部市场需求。

市场需求变化的主要原因是因为客户对市场的需求起了变化,而引起客户需求变化的根本原因,则是客户不断提升的产品需求。在计划经济时代,客户的需求仅仅是有产品可用便可；后来，客户开始提出产品适用性需求。再后来，客户认为安全、美观等需求也成为必不可少的需求。这是人类心理需求不断变化的规律。在这种需求的变化下，企业生产和服务的标准也自然要随着需求变化而变化，否则企业将失去客户，失去市场，最终走向消亡。

因此，标准体系必须是一个动态的系统，要根据市场需求、国内外技术发展动态以及竞争者等情况进行适时修订和完善，始终保持标准的先进性、适宜性、协调性和配套性，才能为企业开展生产经营提供坚实的基础。

另外，即便是已经被认为可行性极高的标准内容，也要与时俱进。标准诞生后，必然经历三个不同的时期，即成长期、成熟期和消亡期。在标准的成长期，管理者要不断收集外部信息，及时地对标准进行大幅度改进；至成熟期后，做好标准的维持与完善工作；当标准步入消亡期时，则需及时进行标准升级，以适应新一轮的市场需求，确保产品满足客户新需求。

总之，在标准的制订和管理上，企业管理者必须站在客户的角度上去思考，而这一点正好与精益管理思想为客户创造价值的本质相契合。

辅助阅读

常用的标准化工具

1. 流程图使员工掌握运作顺序性

流程图是流经一个系统的信息流、观点流或部件流的图形代表。流程中的各个阶段均用图形块表示，不同图形块之间以箭头相连，代表它们在系统内的流动方向。下一步何去何从，要取决于上一步的结果，典型做法是用"是"或"否"的逻辑分支加以判断。以图4—1为例，其中，行动方案用矩形表示，问题用菱形表示，箭头代表流动方向。

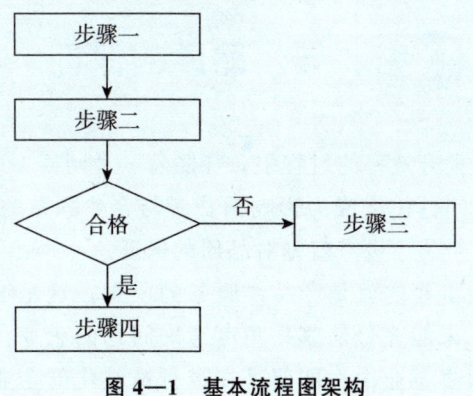

图4—1 基本流程图架构

流程图可以完整清晰地说明某一过程，解释产品从制造到出厂的各个工序，是揭示和掌握封闭系统运动状况的有效方式。而恰恰是它的这一特点，有助于使用者发现问题源头，从而确定可供选择的行动方案。

2. 借量化表控制工作效率

在众多的管理工具中，量化管理无疑是一种进行科学决策、确定工作量、衡量工作效率和提升执行力的通用工具。

工作量化主要涉及三个方面，即数量、质量和时间。其中，时间是指完成工作的时间总量，数量是指完成工作的数量，质量是指完成工作的程度和标准。例如，"1小时内完成对10件产品的质量检测"。这样一句话就完整地包含了三个量化要素：时间——"1小时内"，数量——"10件产品"，质量——"质量检测完成"。这三个要素既是布置工作的要求，也是衡量工作效果的指标，贯穿于工作完成的全部过程，缺一不可。

而这样的量化表看似简单，却可以帮助员工在头脑中树立三个"量"的概念，保证高效、保质、如数地执行。任何一项工作任务，都可以为之设立数量、质量、时间的三维坐标，即使是不同的员工，在执行同一项命令时，也可以根据量化表的要求而保证同时、同质、同量地完成工作任务。

3. 借SOP确保工作执行的规范性

SOP（标准作业程序）就是将某一事件的标准操作步骤和要求以统一的格式描述出来，用来指导和规范日常的工作。在标准作业程序文件中，往往会对各项工作任务的执行顺序予以说明，并将操作方法、标准要求、工作量和差错示范等细节描述完整，如有需要，还会在其中添加照片、三维图片、声像演示等辅以说明。

第2节　品质的保证

在推行标准化、提升效率的过程中，伴随着一个同样不可忽视的因素，那就是产品的质量。品质问题往往成为影响消费者与企业联系的最关键因素。因此，精益管理思想的另一个关注重点就是对品质的保证。

对顾客来讲，最重要的就是产品或服务的质量，这是唯一对客户有价值的东西。但是很显然，未能充分从客户角度考虑问题的企业，往往忽视或者低估质量的重要性。在很多企业中，即便是在推行精益化的企业中，也经常会顾此失彼，在产品品质上留下隐患。比如说，有的企业可能严抓效率，作业人员出于压力就会降低对质量的要求。也有的企业可能从节约成本的角度,降低了产品原料质量的要求,从而导致产品质量问题。总之,质量是极其容易被忽视的重要因素。

在质量隐患出现到质量问题发生的过程中,其实有很多机会可以做出纠正。但是,能否发现质量隐患并迅速解决,是决定品质保证的关键一环。为了及时发现品质问题,精益生产方式构建了暂停文化,希望通过暂停生产线引起各方人员的重视,从而迅速发现并解决品质隐患。

案例 1　　丰田的质量门

每家企业都希望自己可以在最短的时间内完成最大规模的扩张。因为在某种程度上而言,这就意味着更大的市场份额和更丰厚的利润。2009年通用汽车宣布破产,这次破产重组使通用汽车规模变得更小,其市场份额随之下降。但是,对于其他整车企业而言,这却是一次抢占潜在客户的绝佳机会。擅长精益化管理的丰田汽车当然不会放过这个稍纵即逝的机会,并且当仁不让地成为汽车行业的老大。不过,说起丰田的扩张策略,并非起始于通用的破产,而是更早。

丰田的扩张之路

1974年,张富士夫协助"丰田生产方式鼻祖"大野耐一提高丰田公司的行政管理效率。当时,丰田员工已经深刻理解并对精益生产投入了极大的热情。20世纪70年代初,日本经济尚不景气,于是,张富士夫精简了丰田汽车在全日本的多余业务,节省了数百万日元。张富士夫期望这一行动能得到大野耐一的赞赏,结果却得到一通斥责。大野耐一认为张富士夫只知缩减库存,而对企业发展前景未加关注。他说:"我们正要飞速发展,我们需要的是更多的库存,不是紧缩!"此时的丰田已经有了这样的发展思路:企业发展不应借力于缩减,而是以精益为导向的扩张。所以,丰田抓住了国内汽车行业快速发展的契机,开始了迈向全球化市场的扩张之路。

1973年,世界经济遇到了第一次石油危机。汽车消费者的选择热点开始由大型车转向了节省燃油的小型车。在这种形势下,通用汽车仍然固执地开发资源消耗较大的车型,而丰田却注意到了"资源的有限性",有力地开展起一场节省资源、节省能源、降低成本的运动。自此,以通用为代表的美国汽车厂家由于缺少小型车生产技术而逐渐地失去了往日的竞争优势,而丰田则在日美贸易中更快地打开了美国市场。

为了突破美国对日本汽车的进口限制,保住美国汽车市场,丰田开始在美国设立生产点。在丰田的核心市场——北美,丰田于1984年与通用合资建设了新联合汽车制造公司，并从1997年开始进入密集的工厂建设期。

在进行规模扩张的同时，丰田的采购工作变得更加重要。为消除重复采购，丰田自2000年开始执行名为CCC21的成本削减计划，目标是将180个主要零部件的价格降低30%。当时，丰田将采购范围扩大到日本以外的供应商，比如从韩国浦项钢铁公司购买钢材，与德尔福签订更多订货合同。至2005年，丰田在成本控制方面已经提出了新的思路，不再满足于细枝末节的修修补补，而将所有工作的核心定位在"控制成本、增大产能"上。

虽然丰田早已确立了行业领先制造商的地位，但丰田仍然在不断地寻求提高生产效率的措施。丰田在高冈工厂设置了一条经过简化的组装流程，这条流程被称为"全球车身生产线"，最大限度地利用了常用的工具，减少生产步骤。这条生产线除了使系统本身具有令人难以置信的弹性之外，安装成本也较先前缩减了50%，改装生产新车型的成本也降低了70%，而且仅用3个星期即可满负荷生产，而旧系统则需要近9个星期。于是，这套系统很快在世界各地的丰田工厂应用开来。

"超越通用"，这是丰田的唯一目标。2006年，丰田斥资8.5亿美元的苫原工厂正式投产，丰田在美国的急速扩张达到了顶峰。这表明丰田不仅在经济型和豪华型轿车领域争抢美国市场，而且在所有汽车领域都可以与美国车一争高下。在这一年里，丰田凭借在美国市场销售汽车超过250万辆的成绩，击败了当时的戴姆勒—克莱斯勒公司（全年销量近240万辆），首次杀入年度美国汽车市场前三甲。至2008年，丰田以897万辆的全球销量首次从通用手中夺走了它占据77年的全球销量冠军宝座。

2009年，由于受到全球经济危机的影响，丰田的销量有所下降，不得不对部分工厂做出了关闭或停产的决定。而在通用汽车宣布破产之后，丰田迅速获得了通用汽车腾退出来的部分市场份额，汽车的需求量有所回升，于是丰田汽车公司决定重启在中国和美国的汽车工厂建设项目。丰田汽车的规模不仅没有因上半年的压缩而减小，反而在通用破产重组后得到了更快速的扩张。据统计，在整个2009年度里，虽然整体市场经济环境不够景气，但是丰田却仍然取得了781.3万辆的全球销量，位列世界汽车销售排行榜之首。

丰田创造了精益管理模式，而在多年来的运营过程中，它也始终以精益管理为理念。实施精益生产的目标在于节约化生产，降低资源消耗，提高资源综合利用率。丰田所采取的规模经济扩张、成本降低策略，无不是为了达成这一目标。但是，作为精益管理的一大精髓——质量控制，丰田却未能始终如一地坚持。而恰恰是这一点使丰田不得不为其不够理性的规模扩张和成本节约付出高昂的代价。从2009年年底开始，丰田相继陷入"脚垫门"、"踏板门"、"爬坡门"、"刹车门"、"油管门"的危机中,丰田召回事件在很长一段时间里没有中止过。丰田汽车从笑傲江湖的霸主地位猛然滑落。

丰田的质量风波

速度与规模的双重诱惑,膨胀了丰田的扩张野心,使得丰田汽车很快触及"大制造"的天花板。从2009年年底至2010年3月,丰田汽车质量问题越来越突出,各类"召回门"事件相继曝出,此前丰田精益化管理下获得公认的高质量产品遭遇信任危机。

短短数月,丰田在全球召回汽车高达800多万辆,甚至远远超过了其2009年年度全球总销量——698万辆。据统计,在此阶段里,丰田车在全球范围内进行如下数量的召回,如表4—2所示。

表4—2　　　　　　　　　　丰田汽车的召回统计

时间	地区	数量	涉及车型	召回原因
2010年2月11日	美国	——	卡罗拉	转向系统存在问题
2010年2月9日	新加坡	70台	第三代普锐斯	ABS存在问题
2010年2月9日	澳大利亚	2 378台	普锐斯	刹车系统稳定性问题
2010年2月9日	日本	22.3万台	新普锐斯、SAI、雷克萨斯HS250h、普锐斯PHV	制动系统故障隐患
2010年2月7日	日本	——	Sai和雷克萨斯油电混合动力车	刹车系统故障隐患
2010年2月5日	俄罗斯	16万台	雅力士、Auris、卡罗拉及RAV4	油门踏板故障隐患
2010年2月5日	英国	18.086 5万台	IQ、Aygo、yaris、Auris、Corolla、Avensis及Verso7款车型	油门踏板使用不便
2010年1月28日	中国	7.555 2万台	RAV4	油门踏板故障隐患
2010年1月21日	美国	230万台	凯美瑞、RAV4、卡罗拉、汉兰达等	油门踏板故障隐患
2009年12月24日	中国	4.302 3万台	RX350、ES350、汉兰达	VVT-i机油软管内壁破裂、机油软管漏油

续前表

时间	地区	数量	涉及车型	召回原因
2009年11月25日	美国	426万台	凯美瑞、亚洲龙、普锐斯、ES350	脚垫滑动卡住油门
2009年8月28日	美国	9.57万台	ScionxDs、Matrix、卡罗拉	刹车底盘问题导致刹车失灵
2009年8月25日	中国	68.8314万台	凯美瑞、雅力士、威驰、卡罗拉	电动窗主控开关发热、短路、榕损
2009年7月30日	日本	7.1319万台	卡罗拉、Axio	无级变速器缺陷

根据表4—2的统计，丰田因脚垫门事件于2009年11月不得不从美国召回了426万台车辆，并免费为这些问题汽车更换油门踏板。很多人认为脚垫事件根源在于脚垫过厚，但是，提供脚垫的西迪斯首席执行长维诺多·吉尔纳尼对此做出了解释："设计缺陷的责任在丰田，我们的产品一直符合丰田的规格。"他的声明，使消费者进一步明确了脚垫门的问题根源，仍然出在丰田身上。

我们无法拷问各种质量门事件的细节真相，其中的许多商业规则也不为外人所能洞彻。正如"脚踏门"事件是电控油门系统的软件故障造成，还是由于油门踏板卡死所致，我们无从得知。

而此类"门"事件的发生，使昔日的制造大王，沦为"召回大王"，成为全球媒体口诛笔伐的对象。昔日光环加身的丰田，因质量门事件而重压缠身，财务上出现巨额亏损；金字招牌面临销蚀；消费者长久以来对日本汽车品质的信任感，也开始动摇……当事件愈演愈烈之后，丰田遭遇的不仅仅是企业声誉的损失，也使国家形象蒙受了巨大的负面影响。这杯苦酒的滋味，丰田不得不独自品尝。

与通用相比，丰田的震荡更多来自于其全球化扩张的野心。在新世纪、新环境下，丰田的理智被无法克制的战略冲动所淹没。它选择了全球化，选择了效益至上，于是正常的经营节奏被不断加速，流程中的差错被视而不见，丰田忽视了精益思想的精髓——质量与技术、制造的对接。企业全球化的生产销售形态，导致丰田的产业平台摊开得太大，内部质量控制体系出现了盲点和断层，这种发展状态让丰田遭遇了一场难以预测的危机。

理念1　　　　　　　　永远不要忽视质量

丰田的"门"事件再次改变了整个汽车世界，这一次是以质量危机的形式。

它在全世界范围实施的大规模召回行动，不仅重新书写了世界第一汽车制造商的命运，还使众多以"丰田精益生产方式"为模板的制造企业颇感震惊。

对于此次丰田召回危机，汽车行业内人士大多认为：这是丰田急功近利地追求全球第一大汽车制造商地位而引发的质量恶果。这种以销量为目标的快速发展远远超过了丰田自身所具有的能力。因此，虽然丰田汽车的产品质量问题不断大规模暴露，但是丰田"超越通用"的迫切心理使得丰田的经营者们忽视了彻底解决此类问题的重要性，最终引发了一场史无前例的全球范围质量危机。

丰田章男在其致中国消费者的道歉信中反思了丰田生产中的不精益问题。他说：

"丰田认为，对于发生的问题，作为汽车厂商来说重要的是不隐瞒事实，把客户安全放在第一，遵照当地法律采取适当的市场对策。并且，更重要的是深挖问题真因，防止再次发生。丰田公司发生这些问题的背景，与过去几年来持续高速发展自己的业务有一定的关系……我们正在反省是不是已经超越了丰田自身能力的高速发展，使丰田一直以来最为重视的对于造物、造车的苛求而有所疏忽呢？"

丰田质量问题的第一个根源是为持续发展而采取的外包策略。多年来，丰田和其他跨国企业一样，将零部件和部分业务流程实施外包，通过这种方式降低企业的运营成本。但是，试想一个问题零部件在质量检验过程中蒙混过关而进入了整个分销系统，那么后期问题跟踪和处理的难度也会呈几何级数增加。

事实上，丰田的质量问题大多并不是发生在自己的工厂，而是其供应商。丰田通过参股等方式严格控制了一批重要的零部件供应商，形成自己的核心零部件供应体系。它将某类核心零部件完全交给其中一家独家生产，使其成为自己的一级供应商，同时向零部件供应体系输出"丰田生产方式"，帮助其改善制造能力并降低成本。正是这种长期深度合作的零部件供应体系成就了丰田的精益生产，帮助丰田度过了它当时极为艰难的成长阶段。

当丰田进入一个新的汽车市场时，它非常重视零部件供应体系的建立。它会率先将自己的核心零部件供应体系带到当地市场成立全资、合资公司进行本地化生产，为随后在当地制造汽车的丰田工厂服务，就像他们之前在日本本土的合作那样。

但是，自2002年提出要将自己的全球市场份额由11％提升至15％后，丰田的快速扩张节奏已让其所依赖的核心零部件供应体系不堪重负。这就迫使丰田开始需要和它之前并不熟悉的零部件供应体系合作，但这些零部件制造商缺乏对丰田生产方式的理解和实践。而丰田生产方式又决定了这些新加入的零部件制造商需要独当一面，为丰田在多个国家和市场供货某一类零部件。这一变化就为产生质量问题埋下隐患。此次引发丰田质量危机的恰恰就是加拿大零部件制造商CTS为丰田制造的油门脚踏板。

面对日趋激烈的成本竞争和利润增长目标，丰田过度关注市场份额和利润，过度强调精益生产理念，但是却忘记了"客户至上"和"停下脚步、仔细思考、做出改进"这些曾帮助丰田最初获得成功的基本原则。这正是丰田"精而不益"的根源，同时也是导入精益生产模式的企业所应关注的问题。

案例2　石屋制果的逆境大反转

2007年8月，石屋制果被爆出擅自篡改"白色恋人"的保质期并重新投放市场的丑闻。8月18日，时任北洋银行常务董事的岛田俊平视察了石屋制果的办公大楼。他是这样描述当时所见到的情景的：投诉电话的铃声不断，接线的客服人员不断地向客户道歉，大部分工作人员埋头忙于为退货客户寄送礼券。而在公司大楼附近的主题公园——白色恋人公园内，退货堆积如山。

这次危机使得石屋制果陷入了经营困境。然而，这次危机也用血淋淋的事实强化了企业上下的精益意识——对于问题，必须尽早发现并予以足够的重视。

事实上，就在5天后，岛田迅速出任董事长一职，正式接管公司。为了更快、更彻底地转危为安，他决意全力完善质量管理体系，彻底贯彻遵纪守法意识，使公司获得重生。

岛田认为，企业最需要整顿的对象就是生产车间和员工法制观念。于是，在生产车间方面，岛田挖掘了一批精通生产管理和质量管理的外部人才。在森永制果公司董事长矢田雅之的帮助下，2007年9月，岛田聘请到小出荣出任公司常务董事兼生产部部长。

小出荣曾在森永制果的巧克力生产车间和质量检验等部门工作过。而森永制果能取得国际食品卫生管理标准——HACCP（危害分析和关键控制点）的认证，小出荣功不可没。因此，对于亟须健全质量管理机制，重新获取客户信赖的石屋制果来说，小出荣绝对是最佳人选。所以，岛田将生产车间全权交由小出荣管理。

小出荣上任后并没有端坐在办公大楼中的座位上，而是在生产流水线附近为自己设立了一个常驻的"车间办公室"。他觉得，自己是从其他公司调来的空降兵，要想快速取得员工信赖，最好的方式就是深入车间，与员工加强沟通。

小出荣首先向员工们普及质量管理基础知识，同时开始编制"白色恋人"的生产指导手册。过去，石屋制果是借助员工之间帮带模式来学习生产产品的，没有细化的生产指导手册……这种管理模式又何谈质量管理呢？因此，当务之急便是准备好能确保产品质量的生产指导手册，并要求所有人严格按照手册工作，否则不可重新开始生产。

看到员工们制作的手册后，小出荣语气平静地问道："这样就可以生产了吗？"但是，大家全都低着头，谁也没有回答。小出荣见状，语气不由得严厉起来："现在发现问题不指出来，将来出了大问题，再后悔就来不及了！"

于是，两名员工小心翼翼地说道："这样的流程可能会有问题。"小出荣表扬了这两个人，并让员工们再次核实细节。最终发现，手册中关于原材料采购的做法上存在问题——很可能影响产品质量的一致性。

小出荣多次进行了类似的交流，由此提高了生产指导手册内容的可靠度，同时也通过这种做法让员工认识到了"尽早发现问题、讨论处理方法"的重要性。

此外，小出荣每周召开"HACCP会议"一次以上，并大力宣传质量管理中的相关知识。通过此举，员工们掌握了5S理论和HACCP标准的基本知识。

就这样，公司上下的问题意识和质量保证意识得到了强化，并深入每个员工的思想深处。此后，石屋制果的产品质量再未被质疑或投诉。2009年4月，公司业绩迅速回升，销售额达到4 100万日元。如今，很多客户因石屋制果的质量保障而成为其稳定客户。毫无疑问，这完全是出于人们对石屋制果已然形成的问题意识和质量保证机制的信任。

理念2　正视品质问题

丰田的质量门事件源于其迅速扩张下对质量管控的疏忽，可以说，其零部件供应商并未遵循精益生产方式。但是，其更深层次的原因却是对问题的忽视和掩盖。而众多企业精益失败的原因也在于此。

很多企业虽然口口声声地呼喊着"精益"的口号，但常常是在行"快速作业、不浪费成本、罔顾质量"之实，如此"精益"的结果就是快速将企业推向覆灭之路。石屋制果之所以一度陷入危机，也恰恰是因这个原因造成的。

然而，石屋制果从发生丑闻而停止生产，到开始再次生产、销售并开发新产品，很快实现了逆境大反转。在这一过程中，企业上下致力于尽早发现问题、积极处理问题、不断追求进步，这可以称得上是一个真正意义上的精益过程。

我们可以从石屋制果学到什么？答案就是他们这种"正视问题"的意识。

首先，要认识到无视问题的后果。如果员工对待问题有端正的态度，他们会乐于参加问题管理，重视问题处理；相反，如果他们的问题意识淡薄，态度不端正，则会反感去处理问题，最终导致问题堆积，直至引发严重的后果。

1991年7月8日，中国战机"飞豹"在一次科研试飞中出现油箱漏油，险些造成机毁人亡，事后查明是飞机上一根输油软管脱开造成漏油；1997年6月19

日,"飞豹"在超音速试飞中,前座舱盖脱离机体被抛到了九霄云外,又一次险些造成机毁人亡,事后查明原因是员工在安装座舱盖时,没有发现自己将活门螺钉装反了。

显而易见,这些问题并非技术上的难题,如果员工看待问题的态度是端正的,那么这些问题是很容易避免的。但是,问题实实在在地发生了,这恰恰是因问题意识淡漠所导致的。

像本节的主角石屋制果也是如此,其早期出现的危机同样是因为企业上下欠缺"尽早发现问题"的意识所导致的。然而,其最终的成功却则实实在在地佐证了一个道理:具有"尽早发现问题"的意识是多么重要。

其次,要正视问题。发现问题的同时也意味着会牵涉众多利益之争,这一点使得很多人不愿意冒着风险去主动发现问题。所以,我们要学习正视问题。

日本全面质量控制活动中有一个非常流行的词汇,叫作"准缺陷"。准缺陷是指那些不太严重、但也不算正确的事情。然而,即便是对于这类问题,如果置之不理,也可能造成巨大的损失,更何况是那些已有迹象显露、却被人们故意隐藏起来的问题了。

所以,石屋制果的小出荣,在管理过程中极力提倡并鼓励员工寻找准缺陷,并积极地接纳改进的机会——他们为能在问题初露端倪之时发现问题而高兴,因为他们将问题视为"开启秘密宝藏之门的钥匙"。

如今,一些秉持精益意识的成功者已经开始尝试主动发现问题了。

比如沃伦·巴菲特,他曾在 2009 年致股东的一封信里进行了自我检讨:"2008 年,我进行了一些愚蠢的投资。我至少犯一个重大错误,还有一些错误虽然不是太严重,但也造成了不良的后果。此外,我还犯了一些疏忽大意的错误。当新情况出现时,我本应三思自己的想法,然后迅速采取行动,但我却只知道咬着大拇指发愣。"

可见,主动发现问题并及时处理,这样才能以最快的速度、在最大程度上控制精益行为结果。

最后,应该建立科学严谨的问题管理机制。

当然,为了辅助精益管理的实现,仅仅保持一种精益意识还不够;企业还需要建立一个科学、系统的管理机制,这样企业上下才能在规范的管理状态下,协力发现问题、应对问题。

为此,石屋制果的生产部部长小出荣,面向全员进行质量管理基础知识的普及,同时着手制作"白色恋人"的生产指导手册,并组织所有员工一起讨论该指导手册的可操作性,并作出细节完善。

小出荣这样做,一方面使得企业内部建立起自主发现问题的氛围,强化了员工的问题意识；另一方面，通过实施有技巧性的引导，逐步培养起了员工的问题处理能力。

所以，企业在实践中，应着力建立起一套科学严谨的问题管理机制，帮助员工掌握问题管理技巧和方法，形成自主开展问题管理的习惯。

案例3　日立电器的精益质量控制

日立集团在创建伊始，仅仅是久原矿业日立矿山的电机修理厂；至1920年，该厂更名为"日立股份有限公司"。日立总部位于东京，公司全称为"日立株式会社"，是世界领先的电子元器件和产业设备制作商。2011年，日立营业收入108 766百万美元，被《财富》杂志评为世界500强企业，名列第40位，在电器、电子产品行业中则排名第二位。日立集团旗下拥有1 000多家企业，其中位于国内的有480家，日本以外地区达630家之多，是一家遍布全球的企业集团。

作为全球性的电器生产商，日立公司以自身实际发展需求和日本文化为出发点，形成了极具特色的质量管理模式和管理思想。它推崇"把质量意识注入每位员工的血脉之中"的质量管理原则，其核心是全员参与质量管理，具体体现为"3N"、"4M"、"5S"。

"3N"是指质量管理的原则，具体为"不制造（nomanufacturing）不合格产品、不接受（noaccepting）不合格产品、不移交（notransferring）不合格产品"。为了控制生产全过程的质量，达到零缺陷的质量目标，日立要求每一位操作人员都将"3N"原则牢记于心，以确保经过每位员工之手加工的零部件皆能达到100%的合格率。

"4M"是指对"人（man）、机器（machine）、材料（material）、方法（methods）"4种质量管理要素的科学运用，以之强化员工们的竞争意识，保持机器开工率最大化，使材料产出率更加合理，从而实现"3N"质量目标。"4M"的精髓是发挥人的能动作用和突出对人的管理。要达到国际先进水平，制造一流产品，企业必须在发挥人的作用上多下工夫。对于日立来说，其国内、国外的企业在机器、材料、方法等方面都能做到基本相同，人的素质却是各类要素中唯一不同的部分。

"5S"是指"整理（seiri）、整顿（seiton）、清扫（seiso）、清洁（seiketsu）、素质（shitsuke）"，即进行文明生产的5种管理手段（参见第2章）。

从日立的发展历程来看，作为一家电器制造企业，持久的技术领先地位和严谨的质量控制能力是其在国际市场上不断发展的良好基础。自创立以来，日立创造了许多日本第一，甚至有多项技术排名世界第一。这是日立上下重视质量与技术控制的结果。

如今，日立集团的制造企业和销售网络遍布全球，其"分——合"一体的体系使其成为既独立又统一的整体，在分散风险的同时也充分发挥出不同部门、不同体系的协同效应，使日立集团成为一个强大的整体。当然，日立对产品质量的高要求，为其赢得了稳固的市场消费群体。

理念3　　发现问题的自动化技术

品质管理是一个重要问题。在上述案例中，日立集团采取的3N、4M、5S等都是有效的质量控制工具，为精益质量管理添加了保证。但是在本部分，我们将回归到质量管理的本质，借鉴丰田生产方式，利用自动化技术进行问题发现，从而进行品质管理。

我们在第1章就讲到，丰田生产方式有两个主要内容：准时化与自动化。其中，自动化就是与品质管理紧密相关的一个内容。

自动化是指在生产的过程中内建品质管理或防止错误产生。同时，自动化强调人的能动性，力求员工不被操作标准和机器设备困住，可以自主创造价值。自动化就是一种暂停的文化。

丰田的自动化可以追溯到丰田佐吉发明的自动织布机，后来，大野耐一将这种思想运用到机器设备上，使得设备发生故障时可以自动停止。但是，设备停止后作业人员往往不知道哪里发生了故障，因此，大野耐一又安装了指示灯。这个指示灯与各个机床相连接，放在一个固定位置上，一旦出现异常，设备自动停车，方便技术人员在第一时间进行检修，大大地提高了维修效率，保证了生产的正常进行。

自动化的第二个内容是在人员方面。丰田授权工作人员可以控制"安灯绳"，即控制生产线的按钮或者绳索，这样，在他们发现异常情况时，可以立即停止生产线。这种做法把质量管理的责任和权力下放给员工，提高了他们品质管理的积极性。

丰田的自动化就是通过上面两种手段实现了生产问题的迅速发现和及时处理。

在精益化的"一个流"生产中，紧凑的生产方式其实也促进了问题的快速发现和处理。在实施"一个流"的过程中，前后工序衔接紧密，库存被降低到最小，因此容易暴露问题。而且，当问题出现时，为了避免问题延续到下一工序，作业人员必须立即采取措施解决问题。因此"一个流"迫使问题迅速被解决。当然，很多人并不喜欢这种匆忙的工作方式，但是这对于精益生产却非常必要。而结合自动化制度下对作业人员的授权，就可以更好地提高员工发现问题、解决问题的积极性。

需要注意的是，自动化停止生产线并非在问题出现时整条生产线都停止。以丰田的组装线为例，每条组装线的环节之间会被划分为不同的作业区，当其中的A区出现问题时，安灯装置亮起，但是生产线并没停。工作人员必须在很短的时间内做出必要的反应，然后恢复安灯装置，否则灯就会变成红色，本区段的生产线将停止工作。而在区段与区段之间会有一定量的在制品库存，因此可以有一段时间的缓冲。同样，如果作业人员没有在缓冲时间内解决问题，整条生产线才会停止，以避免问题进入下一个区段。可见，自动化与"一个流"是紧密配合的关系。

但是，很多企业对安灯装置的使用并没有正确的认识，人们往往认为在问题出现时就要停止整条生产线，造成严重的损失。这也许就是暂停文化难以建立的重要原因吧。

现在，我们了解了真正的安灯装置是如何工作的，相信迅速发现问题并解决问题的机制将更容易推行。

不管是日立集团的3N、4M、5S，还是丰田生产的自动化，都是进行质量管理的有效手段，企业可以根据需要和实际条件，选择推行。

辅助阅读

常见的可视化手段和防呆技术

关于品质的保证措施，应用比较广泛的还有可视化和防呆技术。

可视化技术

实际上，拉动式生产中的看板管理即属于可视化技术。另外，安灯装置也属于可视化工具。此外，工作标准的张贴，工作进度栏、工作看板等也都属于可视化工具。

可视化管理的手段可以是广告牌、信号灯、流程图、区域线等，这些载体都很容易跳入人们的视野中，提起人们的注意力。

- 广告牌。标明所需要的物品和完成生产的工序、种类、时间和数量。
- 信号灯。包括发音、异常和运转信号灯及进度灯，用于通知发生异常的工序，使管理人员随时了解作业人员的作业情况和机器设备的开动情况。
- 流程图。描述工作流程，用于指导工作开展。
- 区域线。以线条区分不同工作区域。比如，放置不同等级物品的区域，或是危险、安全区域等。

➤工作管理板。用于记录工作业绩、工作异常情况及发生原因。

➤提案管理板。为人们提出各种提案、意见、建议提供平台，并公布可用的提案。

➤工序追踪板或工作追踪图表。用来追踪工作进展情况，评估实际工作进展与预期的差距。

见表4—3。

表4—3　　　　　　　　　　生产追踪表

单位生产时间	目标 单位生产时间/ 累积时间	实际 单位生产时间/ 累计时间	差异 单位生产时间/ 累计时间	出现偏差的原因
8：00—8：30	20/20	18/18	－2/－2	10分钟准备时间，晨会延长了两分钟，讨论质量问题。
8：30—9：00	30/50	30/48	0/－2	
9：00—9：30	30/80	30/78	0/－2	
9：30—10：00	30/110	32/80	＋2/0	小组长在五号工位提供了帮助，以便在休息前赶上进度。
10：00—10：30	20/130	20/130	0/0	10分钟休息时间。
10：30—11：00	30/160	30/160	0/0	
11：30—12：00	30/190	27/187	－3/－3	容器内缺少了3个A零件，通知了生产和库存控制部门。
12：30—13：00	/190	/187	/	30分钟午餐时间。
13：00—13：30	30/220	30/217	0/－3	
13：30—14：00	30/250	30/247	0/－3	
14：00—14：30	30/280	30/277	0/－3	
14：30—15：00	20/300	20/297	0/－3	10分钟休息时间。
15：00—15：30	30/330	30/327	0/－3	
15：30—16：00	30/360	30/357	0/－3	

续前表

单位生产时间	目标 单位生产时间/ 累积时间	实际 单位生产时间/ 累计时间	差异 单位生产时间/ 累计时间	出现偏差的原因
16:00—16:30	20/380	21/378	+1/−2	10分钟清洁整理,小组长在五号工位提供帮助,以准时完工。
16:30—17:00		3/380	+2/0	加班:时间?原因?2分钟,补足在10点半的单位生产时间内的零部件短缺。
总计	380/380		0/0	及时修复外部故障——加班时间最短。

注:用"字体突出显示标记"来表示完成、高于或低于目标。在本表中,无显示标记表示达到目标;深灰色标记表示低于目标;浅灰色标记表示超过目标。

上图以每小时生产的单位数量的形式显示出了预期产量,记录了实际生产数量以及流程中断的类型和原因。

➤延误任务日志。将进度延误的工作加以汇总。

➤优先板状态图。提供计划的生产准备和运行时间长度、批量大小、贮存器以及其他相关信息。

在这些载体上,可视化管理还要注意颜色、文字与图案等带来的不同的信息传递效果。比如,以不同的颜色来界定区域、人员、物品等类型的不同;借助图案提起人们更多的关注。

防呆技术

防呆的作用在于使错误发生几率降至最低,甚至任何错误都不会发生。

早期的照相机是手动过胶卷曝光,按下快门后,忘记过胶卷,第二次按下快门后导致上一张照片再次曝光,造成两张照片同时曝光。对此,我们可以考虑在快门上设计一装置,未过胶卷时快门无法按下;如果加装自动过胶卷马达,则按下快门后自动过胶卷。这就是防呆技术的一种应用。

防呆技术的有效运用需要做好很多工作,这些工作的开展需要有一定的理论基础,防呆技术所运用到的主要原理如下。

➤相符原理。保持生产的相符状态,防止错误发生。以形状相符为例,

> 我们可以对个人计算机与监视器的连接线采用不同的形状，使之更方便地连接起来。
>
> ➤ 顺序原理。将工作以"编号"的方式完成。例如，流程单上记录工作顺序，按照数字编号执行；许多档案放在同一个资料柜内，每次查阅后再放回时容易放错地方，我们可以做好编号来改善这个问题。
>
> ➤ 层别原理。以不同颜色区别不同意义或工作内容。例如，文件夹用红色代表紧急文件，用白色代表正常文件，用黄色代表机密文件。
>
> ➤ 自动原理。以各种电学、力学、机构学、化学等原理限制某些动作的执行或不执行，以免发生失误。例如，电梯超载时，电梯门无法自动关上，不能上下，同时鸣起警告提示音。
>
> ➤ 隔离原理。用分隔区域的方式，避免造成危险或错误现象发生。例如，将危险物品放入专门的柜子中，并由专人保管。

第 3 节　成本的控制

不管是效率的极限化还是品质的保证，其最直接的效果都是生产成本的降低。可以说，成本是精益管理思想的核心关注要素，是一切新型的生产方式诞生的基础推动力。

我们在谈价值创造的时候，首先想到的并不是顾客导向和消除各种隐藏的浪费，而是单纯的成本的控制。因为，成本是最容易衡量，也最容易反映改善或者精益效果的。

降低成本是所有企业的追求，但是，在追求低成本的道路上，很多人偏离了方向，片面地追求低成本而付出了惨重的代价。比如，在上一节提到的丰田的"质量门"，其根本原因就是在企业扩张过程中对成本的不当控制，导致了零部件供应商对品质管理的松懈。

我们讲，企业在推行精益管理时必须时刻以客户价值为导向。事实上，如果企业能够坚持这一原则，那么对于品质的关注将会提升，在追求低成本的过程中也不会忽视质量问题。

精益生产是一种高附加值、低能耗的生产方式，其目的在于通过最大限度地消除浪费，来提高全部资源的综合利用率。而对于企业而言，必须紧紧抓住"杜绝浪费"与"合理性生产"，才能实现真正意义上的"低成本"。

案例 1　　　　铃木汽车矢志于成本控制

　　铃木汽车公司一直将降低成本作为经营的主题。与那些通过简单模仿来降低成本的企业不同，铃木汽车公司却致力于从根本上去降低成本。

　　进入20世纪90年代后，随着样式和外观的豪华化，50毫升轻便摩托的价格上升到12万～18万日元。而铃木公司决定在日本国内制造排气量为1 000日元/毫升的踏板车，那么50毫升的摩托车便意味着"只有5万日元"。

　　当时，担任商品策划、协调与其他部门关系的中村铁也说道："我们不断试作了很多模型，但始终无法达到'1毫升＝1 000日元'这个目标。所以，我们不得不不断地尝试着。"

　　在这个项目被正式批准为研究项目之前，他的主要职责是商品策划。于是，在与设计部门打过招呼后，中村铁也和几个志同道合的朋友一起尝试着制作模型，这样的摸索一做就是好多年。

　　对此，中村说道："最初的考虑是踏板车的基本构成——可活动安全帽，把手部分的皮套、灯、转向指示灯，前后还有悬架装置；从这些基本构成中除去那些期待值不高的装置，以便节省空间。"

　　"节省"通常是人们降低成本的方法，这种方法也创造了一种产品。那就是2002年2月上市的"Let'sIIStandard"低价小型摩托车。

　　几乎能够想得到的——所有东西都被彻底地省去了：废弃美化外观的零部件；不喷漆，非常必要的地方采用最便宜的黑色；没有侧架；没有燃料表，只有燃料用尽时的警告灯；甚至摘去商品名称的标签。

　　但就像一级拳手减轻体重一样，无论他们怎样竭尽全力，10 500日元似乎已经达到最低限了。但一想到连半年后本田公司在中国生产并销售的"Today"都是9万日元一台，他们就明白该怎样挑战极限了。于是，他们开始考虑如何让轻便摩托减去更多分量。

　　对成本本质的追求，为铃木汽车带来了成功。2003年，Choinori踏板车问世后9个月里，其销售达到55 000台，远远超过月销售2 000台的预期目标，其骄人的销售业绩一时引起许多媒体的关注。

　　而实际上，探求本质的成本意识不仅仅体现在这一点上，甚至已然凝结为公司的经营模式——在每个员工的日常工作中，人们也能深深感受到。

　　只要踏入铃木公司总部一步，人们就可以体会到铃木公司无所不在的成本意识。很多参观访问者一开始都会对铃木公司未设接待处而感到吃惊。而且，与同行进行谈判的大房间也被分隔成很多小的区间；只要商谈结束，人们便会关上日光灯。窗子是纱窗，如果天气炎热，就打开窗子，尽量不用空调。此外，墙上还贴着员工年收入按时计酬的换算额，以此告诫员工"严禁浪费时间"。

这种超常成本意识的源头，当然还在铃木修。坐火车时，他常常排队购买最便宜的不对号车票，从车站到公司总部不坐公车，而是坐出租车。在这种氛围中，员工自然而然地养成了习惯：时常考虑"什么是必要的或不必要的。"中村铁也举例说："比如，一看到自动铅笔大家就会想，别在上衣口袋的笔帽真的有必要那么长吗？然后想，如果换做铃木修，他会怎么做呢？"

事实上，这种成本控制意识使得铃木公司因此闻名，同时也保障了铃木公司的盈利。2011财年（2011年4月1日至2012年3月31日），铃木公司销售额同比出现下降的局面，但是公司的营业利润以及净利润却实现大幅增长。

理念 1　　精益管理中的成本要求

在铃木汽车的实例中，有一件事情是特别值得我们学习的，那就是其对成本控制的执著追求。这种经营意识形成了铃木汽车的经营哲学，得以在整个企业内部风靡开来。特别是铃木修设计的"1毫升＝1 000日元"的目标，以及在企业内部开展的各项成本节约活动，其后所隐藏着的恰恰是执著的成本控制意识，而这更是促使铃木汽车公司成功的关键所在。

值得注意的是，在铃木汽车公司，大家在脑海中总是浮动着"铃木修董事长会怎么做呢？"的念头，这已明显展现出铃木汽车公司的精益氛围：探求本质的成本意识已然在铃木汽车公司内部变成了一种模式。

任何一家企业的运营都需要一定的资源，如物料、设备或服务等。而任何资源的取得都不是免费的，都必须支付一些成本，如资金或某种代价。企业所支付的成本越高，对企业或机构就越不利，因为成本直接减少企业所获得的盈利以及可用的资金等。故而，所有企业都有一个根深蒂固的观念，那就是"全力降低成本"。

但是，这种"成本观"有时又会使我们落入一个思考陷阱："只要是便宜的，那就是好的"、"越便宜的，越有利"。这种以成本为导向的观念所看重的是支出的"成本"，却疏于对所取得的资源的"价值"加以评估。而"价值"恰恰是精益管理最看重的要素。

其实，成本与价值二者之间并无直接关联。一些价值高的东西我们可能仅仅通过较低的成本即可取得；相反，有时我们却不得不为了价值低的东西而付出极高的成本。

有一个经济学效应，叫作"效益递减"。举例来说，当一个人口渴时，他喝到第一杯水,他会感到很好,这杯水可以让他立即止渴。然后,他喝下了第二杯、第三杯,但是此时他就会感觉不到与喝第一杯水同样的效用。由此可见,他为每一杯水所支出的成本是相同的,但是每一杯水的价值却并不相同。

所以,如果从资源取得的角度来定位"成本"的话,我们会发现,成本远远没有价值来得重要,因为高成本并不见得对应着高价值。换言之,对于企业而言,价值比成本更重要。而企业最应该做的是以最低的成本获得最高价值。

因此,企业在进行采购或生产活动时,首先需要明确期望达到的价值要求,然后再确认需要为之付出的最低成本。价值或效益的存在可能是有形的物,也可能是无形的,例如,时间、服务的态度或知识等。可以说,企业对于价值或效益的评估往往无法从成本分析中获得,但是却大大受到市场供给和需求条件的影响。也就是说,企业应该致力于从客户的角度评估价值,这一点正好与精益管理思想不谋而合。

当然,在企业日常管理过程中,从前期采购、中期生产到后期服务都涉及成本支出的问题。而企业最为关注的就是尽可能降低成本支出,实现价值最大化。所以,所谓的精益成本管理,其真正需要考虑的问题就是采购成本、运营成本是否能够体现出其预期的价值。

案例 2　丰田的成本控制导致的质量危机

在上一节中,我们提到丰田深陷质量门导致其声誉和利润大受打击。导致这一困境的一个重要原因就是丰田的成本管理漏洞。

自 2005 年起,丰田发起了一场大规模成本削减运动,意欲在 6 年内压缩成本达 100 亿美元。另一项更为激进的"价值创新"计划中,丰田则允诺要降低整个产品开发流程的成本,进一步大幅削减零部件和生产成本。特别是产品开发成本的压缩,使部分车型的设计过程中未能进行全面彻底的质量考核,最终出现个别零部件之间难以兼容的严重质量问题。这些盲目追求成本压缩的举措早已偏离了丰田著名的"持续改善"传统轨道。

传统的丰田从不会追求市场份额和利润等短期利益,相反,它事事从长远考虑。恰恰是这种策略帮助丰田赢得了"价格合理"、"产品质量好"的口碑。但是,精益生产方式已经逐渐淡化,取而代之的是被业内称为"丰田生产方式"的现代管理模式。这种管理模式的核心就在于使整车生产与零部件供应商之间实现专业化协作,通过将预先选好的供应商整合为本企业的网络体系,使其内部所有相关的企业利益和目标均与本企业的相一致。通俗地说,就是在丰田的配套体系中,以"零部件通用化"为最重要最核心的内容,在不同级别的车型上采用相同的零部件供应商，以此形成规模效应，使得丰田可以有效控制成本。

其实，"零部件通用化"的做法在制造行业内，特别是汽车行业内，早已不是什么新鲜的话题。只要生产的产品的种类达到一定数量，就必须采取零部件通用化的做法，这既是一个技巧性问题，也是一个经济性问题。可以说，零部件尺度化、通用化是降低成本的一个重要方式，这种方式可以使作业标准化、作业互换难度降低，而作业标准化也会促进进步效力，使成本下降。

"零部件通用化"管理模式确实使丰田成为全球最赚钱的汽车企业。不过，也恰恰是这种管理模式为丰田日后的不断召回埋下了隐患。

我们知道，丰田起家的一个核心理念是"小批量、多品种"。既然是小批量、多品种，那么通用化水平势必会降低。这里，我们假设每一个品种的零部件之间都没有任何功能差别、技巧尺度差别，那么它们之间就不存在任何实际的差别。可见，大批量生产与需求多样化总是有一些抵触。当企业的通用化扩张，其满足多样化的能力就会下降。丰田的问题正是实现大批量生产的同时，无法满足多样化需求，或者是在程度上不够。

更要命的是，一旦某一产品出现质量问题，那么就会跨品种地成批地出现问题。也就是说，一款汽车出现问题的同时，许多车型都会有问题。2005—2009年是丰田汽车扩张最快的5年，同时也是丰田在全球的召回事件集中发生的阶段。丰田通过"零部件通用化"迅速地压缩成本，扩大自己的产能优势，以低成本优势敲开了国际汽车市场的大门。

丰田生产模式曾一度是丰田引以为荣的管理模式。但是，快速扩张却给这种模式带来了巨大的压力，曾经的质量优势呈现出急剧减弱的危险。由于产品的先天设计存在缺陷，或者质量监测和路试把关不严，零部件通用化反而引发了丰田在全球范围大规模召回，使之面临生存的危机。"零部件通用化"最终成为丰田成长中的一把双刃剑。

理念2　降低成本不一定等于精益

在上一个案例中，我们明确了精益成本控制的基本思想是从产品对于客户的价值出发的。而对于客户来说，产品最重要的价值就是产品的质量。因此，如何在成本控制中平衡质量问题，是一个重要的关注点。

当然，降低成本的方式有很多，而作为一家立足于长期发展的企业，无论选择了哪种方式来管理，放在第一位的必须是质量。如果放松了质量的维护，那么无论是看起来多么有效的成本降低举措，到最后所获得的价值都可能归零。从丰田的案例可以看出，压缩成本导致品质下降会形成更大的损失，实际上是一种更大的浪费。

参照丰田的惨败教训，任何生产制造类企业都应该重新审视大批量生产与成本降低的问题。虽然降低成本与提高质量看起来是一个二元悖反定律，但是一家优良的企业会积极寻求方法克服这个表面悖反的定律，既降低成本，又提高质量。

一提到"高质量"，很多人脑海中都会浮现出这样一种成见："高质量意味着高成本"。于是，一些企业面对低成本需求时，会选择放弃对产品质量的要求，而试图借用抄捷径方法来削减成本。典型的做法有：解雇员工和剥削供应商。像这样的成本削减，必定会损害到质量的形成过程，导致质量水平的恶化。这显然是一种企业理念不成熟的体现。

强迫供应商降价

一些管理者认为企业应追求所有环节支出成本的最小化，只有当各个环节成本支出达到最小，这样才能保证整个价值链的成本最小化。于是，为了实现降低成本的目标，部分企业向供应商提出了降价要求。这是企业在降低成本方面极易陷入的误区。面对这种情况，很多供应商不得不勉强接受。但是，他们下一步却将这种无理的要求向自己的上游供应商提出……最后，整个行业链中出现了铺天盖地的降价呼声。

企业通过压榨供应商来实现成本降低，对于双方的发展都是不利的。在企业整体价值链中，各个环节之间都存在着依存性，下一环节的成本管理必须建立在上一环节成本管理的基础之上，但是上一环节的成本最小化并不意味着下一环节的成本也会削减，更不意味着整个价值链的成本也随之最小化。

例如，为了达到采购成本支出最低，企业可能选择价廉质次的原材料，而这将对最终产品的质量产生严重破坏。如果单单就采购环节而言，它们确实做到了成本最小化，但是从整体来看反而增加了成本。

裁员式降低成本

有些企业管理者认为精简员工可以降低劳务成本。的确，精简员工可以算是削减成本、迅速去除赤字最有效的方法。但是，这往往是治标不治本。我们讲，精简人员是必要的，但是员工的工作负荷有一定的限度，因此员工数量有一个最合适水准。当员工数量处于最适合企业规模的水平时，企业还通过裁员方式降低成本，就会出现员工负荷过重或者能力不足的情况，直接影响产品的质量。所以，裁员并不是控制成本的有效选择。

实际上，我们需要换一个角度，从投入产出的角度出发，来平衡成本与质量的悖反定律。

> **辅助阅读**

V-22因压缩质量成本而付出惨重代价

2000年8月8日，美国海军陆战队队员驾驶的14号V-22战斗机在一次夜间模拟操作测试中坠毁，机上19名队员全部遇难。2000年12月11日，18号V-22完成夜间训练任务，在返回新河基地准备降落时又因失速而坠毁，机上4名海军陆战队队员丧生。V-22频发的安全问题引起人们对飞机质量的关注。

据资料记载，在V-22的研发过程中，本应进行的V-22高速急转弯飞行测试，以"在实战中V-22不需要高速急转弯"的借口被取消；按原设计意图，V-22在其中一个发动机损坏的情况下仍可垂直起飞和降落，然而在长达17年的研发测试过程中，质量人员从未做过这样的检测；V-22飞行时引起的下洗气流有可能让飞行员因看不清外界情况，而处于严重的昏暗条件下，但是这种特殊情况下的测试也从来没有做过。

美国国防科学部的特遣部队测评组指出："为了节约经费等原因，对飞行安全非常重要的飞行控制系统发展测试在V-22身上被严重地缩减了。""原本所需要进行的飞行测试是103项，为了节省经费和缩短研发周期，决策者指示只进行部分测试。因而，实际进行的测试只有49项测试，而且在这49个测试项目中，只有33项是在正常飞行状态下进行的，另外16项都是在低速飞行时进行的，而且所装载的乘员数量也没有达到要求。"

由于人们盲目地节省质量成本，而使得不符合作战能力要求的V-22被直接部署到战场上，最终引发了四次坠机事故，并造成30名美国海军陆战队队员遇难。

而陆战队员以生命为代价证实了质量成本支出的必要性，并告诉人们：质量成本的支出不是凭空烧钱，而是将后续可能出现的质量问题率先扼杀在摇篮里，降低后期的成本投入。

实践证明，质量保证是一切生产活动必须遵循的原则，成本的控制要建立在质量保障的基础之上。

案例3　　成本削减以质量为前提

高通公司以不损质量为前提控制成本

其实，大多数产品设计的重要成本是研发成本，它对产品的上市周期和终端成本都会产生直接的影响。而如果企业能够通过技术创新来提高技术支持的能效,那么便会将整个产业链的研发成本降下去。

2009年,中国电信宣布实施3G终端战略提速及采购千元3G手机,以期降低中国3G手机的门槛。为了满足入门级手机对数据和多媒体功能的要求,CDMA产业链的核心企业高通公司推出了单芯片解决方案,将电源管理、射频收发和基带芯片等都设计在一枚芯片上,大幅削减了手机终端的部件数量,从而实现了成本更低的设计创新理念。事实上,只使用少量的部件,这使得手机设计更简单,因此产品上市时间明显缩短,同时耗电量大大减少,手机的续航时间得到了延长。

高通公司并没有为降低成本而将某些部件直接去除,而是采用集合的方式,使新芯片具备多种部件的功能,由此节省了部件采购成本,为产品生产环节提供了便利,同时也为产品销售环节提供了更新颖的卖点。可以说,这项新技术的设计开发,使高通公司既保证了对客户基本需求的满足,又保证了对生产成本支出的控制。

格力电器坚持以技术创新降生产成本

面对原材料价格上涨,很多空调生产企业因无力承受而纷纷为产品涨价。但是,格力集团坚持不涨价。然而,若想在产品不涨价的基础上去谋求利润,那么就必须降低生产成本。

通常情况下,企业会通过规模效应,来消化掉部分成本,但是这还远远不够。于是,格力总裁董明珠提出要实施技术创新,借助新技术使公司各类产品的成本也被不断地予以压缩,公司的毛利率得到提升。在这种思想的指导下,格力在技术创新方面作出了很大的努力。

一方面,格力电器加强了能效提升方面的研究。以格力电器研发的压缩机为例,其能效与同等压缩机相比,要高出10%~20%,这就减低了成本,提高了效率。基于这方面的创新,格力在2011年的营业收入达到835.95亿元,比上年增长37.48%,实现净利润是52.45亿元,同比增长22.67%。

另一方面,格力电器还加强了可替代技术的升级。2012年,稀土的价格上涨急速。而格力公司通过技术升级,以铁氧系列代替了稀土,实现了变频压缩机的无稀土生产,每台空调节约的成本在一百元以上。如果未来把铁氧再慢慢降低,那么,格力集团在这一方面所节约的成本便可能达到十几亿。

理念3　更全面的成本控制

降低成本、提高收益是一切管理方法最本质的目的,精益管理也不例外。精益管理聚焦于消除浪费,实现生产过程的精益化,在这个过程中,精益的直接表现就是成本的降低。上面的两个案例为我们提供了成本控制的一些借鉴：首先是必须兼顾质量，然后是可以通过技术途径实现成本控制。

事实上，丰田生产方式的拉动式生产与"一个流"生产是降低成本同时保证质量的最好方式。

拉动式生产

在拉动式生产管理模式下，生产指令需要通过后道工序直接向前道工序下达，与生产实施的时间差距很小。每一道工序在向其前一道工序下达生产指令时，可以根据本工序当前的在制品情况和生产进度状况加以调整，这就等同于合并了计划和控制这两项工作，使在制品与进度得到了最有效的控制，从而实现资金占用最小、原料库存降低（趋于零库存）、交货最准时的目标。可以说，降低成本占用，是拉动式生产模式的最大优越性之一。

一个流

事实上，许多企业都愿意采用批量生产方式，但是批量生产方式极易导致流程中出现延误。在所有批量产品结束生产流程之前，没有一个产品可以被最先传送至下一道工序中。批量生产的数量越多，单个产品在工序之间停留的时间就越长。而且，一旦产品生产出来之后发现品质不良，那么损失也是大批量的。

但是，一个流恰恰能够解决上述问题。一个流管理模式会以最少的延误将多种产品交到客户手中，减少搬运和存储所需要的资源；并且，管理者可以及时发现品质不良之处，及时地解决问题。

实践证明，拉动式生产与一个流是实现低成本的良好方法。不过，科学的企业成本管理，并不拘囿于某一种生产方式或方法或某一个单一的部门，而要从企业管理的整体上综合考虑，因为只有企业整体实现成本降低才是真正有效的成本控制。

事实上，精益管理中的几种工具和技术，都是立足于生产线整体，相互配合，共同实现成本控制的目的。企业在推行精益管理的过程中，不可偏废，而是要注重全面性和整体性。

辅助阅读

成本控制的几个维度

通常情况下，我们可以选择两种方式来控制成本，一种是"加法"，一种是"减法"。这种分类方式听起来似乎有些不可思议，但是有效的管理完全可以剔除过度的耗用资源，使这两种看起来南辕北辙的管理方式取得同样的低成本效果。

以增加的方法来实现低成本

增加的方法通常有两种，一是改进生产力，二是改进质量。这两种增加的方法都是从技术革新角度来出发的。

（1）改进生产力。

一种增加的方法就是改进生产力。当企业仅仅使用更少的资源投入，却能有数量相同的产品产出，或使用相同的资源投入而有数量更多的产品产出时，这就意味着生产力得到了改进。在这里，我们所指的"投入"包括人力资源、设施和材料等，而"产出"则指产品、服务、收益及附加价值。生产力的改进可以通过技术研发和新的管理方式实现。

（2）改进质量。

第二种途径就是改进质量。事实上，改进质量会自然而然地带动成本降低。在这里，所指的"质量"是指管理人员及员工的工作过程的质量。如果企业可以改进工作过程的质量，那么就会使失误率降低、不良品数量减少、返工率降低、交期时间缩短以及资源耗用减少，从而有效降低营运总成本。

同时，改进质量也就是提高合格率。企业管理者可以从开发、制造及销售产品或服务等方面着手进行工作质量的改进。如果将这项工作具体落实到生产现场，那么改进质量就可以表现为：人员的活动、机器、材料、方法及测量等为产品或服务的制造及送达的方法。

以降低的方法来实现低成本

大多数情况下，管理者往往更青睐于采用降低的方法来实现低成本的目标。降低的方法很多，比如，缩短生产线、减少机器停机时间、减少库存空间或缩短生产交期等。

（1）缩短生产线。

在生产车间中，如果生产线拉得越长，那么所需要的作业人员就相应越多，在制品数量越多，生产交期也越长。并且，生产线上的人愈多，出现质量问题的几率越大。

假设一家企业的生产线长度是竞争对手生产线长度的多倍，此时若以流水线上所需员工人数、存货水平、质量水平以及交期对其运营成本加以评估，那么其总营运成本必然高于其竞争对手应有的成本。其实，企业完全可以审视自己的流程，设计出更好的生产线布置方式或更短的装配线，雇用更少的人员，真正降低成本。

(2) 减少设备停机时间。

设备运作的中断同时也会导致生产活动的中断。特别是在批量生产过程中，如果采用了运作不良的机器，那么往往会出现过多的在制品、过多的库存、过多的维修工作，以及受到不同程度损害的不合格产品。这些问题都会增加企业营运成本。

(3) 减少库存空间。

任何库存都需要占用一定的空间，因而势必会延长生产交期，产生搬运和储存的需求，同时也吞食了一定的财务资产。一般情况下，制造类企业使用了其所应需的4倍空间、2倍的人力和10倍的交期时间。而无论是产品还是在制品，只要它们还留在企业里，那么它们就不会产生任何附加价值。相反，它们的质量在持续发生改变、逐渐恶化，甚至在市场环境突变之时一朝变成了废品。

因此，很多企业的现场改善应致力于消除输送带生产线、缩短生产线、降低库存和减少搬运等方面，这些改善可以极大地减少对大空间的需求。而这些通过现场改善所释放出来的空间，完全可以作为增加新生产线或保留为未来扩充之用。

(4) 缩短生产交期。

交期是从企业购进材料开始，到企业收回货款为止。因此，交期长度实际上代表着企业资金的周转率状况。如果交期较短，那意味着企业拥有较好的资源周转率，可以更有弹性地满足客户的需求，并且可以使用相对较低的运营成本。

隐藏在交期领域的不增值成本，是实施成本改善的黄金机会。缩短交期时间的工作，主要包括改进订单的回馈率、更好地与供应商沟通、流线化作业以及提高现场作业的弹性等。这些工作都可以在一定程度上降低原材料和耗材的库存，缩短生产交期。

很多人认为，降低生产成本必然会导致产品质量降低。其实，成本与质量有时也可以成为相容并蓄的目标。对于企业而言，无论是在某些范围内实施加法战略，还是减法战略，都无所谓；关键在于管理者如何抵住低成本的诱惑，保证在达成质量目标的前提下，结合本企业的当前状况，选择最可行的方法。

第4节　创新与变革

精益生产的一个重要原则就是不断改善。因此，精益管理要求员工要对其负责的流程进行改善。他们不只要遵守工作流程和标准，更重要的是要发现现有流程的问题，并提出改善方法。这是衡量员工价值的重要维度。因此，具备变革与创新意识成为精益管理的一个要求。

在很多企业中，创新受到各种各样的阻碍。改变现状通常是人们不乐于做的事情，因为这意味着放弃现有的安稳和既得利益，开始面对未知的将来。但是，竞争环境的日渐激烈迫使企业不得不作出改变，通过革新谋求竞争力的提升。

企业的创新可以有两个途径：模仿创新与自主创新。模仿创新难度低、见效快，企业的成本负担较小，因此是企业的首选革新模式。但是，模仿代表着企业永远只能作为市场的跟随者，永远无法超越和领先。所以说，模仿并不是精益的要求，企业应该谋求技术的突破，培养自身的技术实力，才能获得进一步的成功。

在进行技术创新的过程中，企业还要秉持正确的认识：技术作为一种工具，其存在是为了配合人工，适应企业的价值观和理念。因此，技术只是一种辅助，而不应当为了技术而创新。

案例1　SEVEN银行敢于抛开金融常识

SEVEN银行的最大卖点是：它和便利店一样，一年365天、每天24小时工作。这家企业并不涉及融资业务，而是贯彻"专心做ATM"的理念。这种经营判断和颠覆金融界常识的零售技巧，支撑起了"便利店ATM银行"。

通常，一些金融银行会将ATM安排在银行内部某个区域里，或在经济繁华地带开辟一个某某银行ATM专区。但是，这无疑要花费很多时间，而且占地面积非常大。而SEVEN银行却巧借7-11便利店的力量，在短时间内设置了ATM，而且只占用了半个杂志栏的体积。

设置完ATM之后，银行还需要1万多台ATM的维护机制、连接ATM与合作金融机构的安定强健的"中转系统"。这也是靠着7-11便利店与NEC集团、野村综合研究所花费多年建立起来的门店系统和基础系统的运用，才得以将这些经验转用到SEVEN银行上。ATM需要补充和回收现金，而这方面则依赖于运用7-11的强项——物流系统，与委托作业方ALSOK的警备运送直接连接。从上面这些可以看出，SEVEN银行的基础结构是依靠7-11便利店成功的各种外包服务运用的经验建立起来的。所以，SEVEN银行可以依靠不足3 000人的员工，夜以继日地控制13 000多台ATM。

SEVEN银行常务执行董事、系统部长池田俊明表示："对于一个月安装几百台ATM的计划，我一开始不能相信，但7-11便利店和它的合作伙伴知道如何达成这个计划。一般银行与7-11便利店的经营速度和外包服务的运用构想完全不同，我自己也必须大幅度改变系统开发的理念。以前我在三和的常识完全不能通用。"

其实，7-11便利店在将POS机改为新机型时，1个月就完成了数百台机器的更换。这意味着要在便利店的营业时间内，以每天数台的速度进行。7-11也是以这样的"常识"安装了全部的ATM的。例如在日本宫城县，工作人员在3周内安装了330台ATM。等所有店都安装好后，同时开始运行。

事实上，很多银行认为"术业有专攻"，自己在设备开发方面不具备优势，所以，他们在ATM机方面只负责使用，而不关心开发。事实上，这已然是金融业界里的习惯性做法。

但是，SEVEN银行认为：既然要专心做ATM业务，就应该专注于对ATM机本身的开发；真正做好设备开发，才能更好地服务于客户。于是，从NEC的ATM开发部门转入SEVEN银行的系统部副部长松桥正明，开始主导这方面的工作。

对ATM的开发方，也是他的老东家NEC，他不仅会详细指定银行对ATM的需求，还对机器的规格有详细规定。ATM的体积仅有便利店半个杂志栏大小，但其中包含着各种最先进的功能。由于熟知成本结构，松桥遵循7-11便利店对每一日元的成本削减都不妥协的原则，将ATM的价格抑制在业界平均价格的1/3，每台只需300万日元。如果仅仅只注重发挥体积优势，是无法做到这么便宜的。

再后来，SEVEN银行还联合NEC公司，在普通ATM基础上开发了更多功能。比如，遇到盗窃时，ATM中的纸币会附上绿色的特殊墨水；ATM的内置防盗摄像头可以辨识使用者；考虑到便利店内顾客混杂，ATM还要故意让周围其他人很难看清操作界面等。

总之，SEVEN银行工作人员敢于抛开过去常识的勇气，以及竭尽所能的付出，支撑了ATM每年约5亿次的交易，折算为存取金额大约为每年17兆日元。这个金额相当于所有7-11便利店总收入的3倍多。至2008年3月，SEVEN银行的经常收益为834亿日元。

理念 1　　变革与价值创造

在银行业界，专门开设支行、直接从厂家订购 ATM 机，似乎早已是业内操作的常识。但是，SEVEN 银行却不这样认为。他们完全颠覆了以往的金融界常识，积极地探索了一条新型的银行经营模式——便利店 ATM 银行。这种经营模式为客户提供了极大的便利，同时也为 SEVEN 银行创造了自己的特色，进而以此实现了极大的盈利。

细看 SEVEN 银行的成功经验，其中最值得人们借鉴的，就是这种敢于颠覆常识、勇于变革的精神。

"突破常识、勇于变革"这句话说起来非常简单，但是真正做起来却并不容易。因为，突破就意味着部分放弃或完全放弃已然掌握的东西，去另谋一条发展之路，而人们对于这种自我否定天生存在着一种抵触情绪。而这，成为精益管理推行中的一大阻碍。

精益管理要求，企业必须不断改善。而这要求企业学会突破常识，勇于变革创新。

大野耐一曾提出这样的观点："从常识中跳出来思考问题。"他认为在我们的日常工作中往往潜藏着一些错觉，而我们却将其视作一般性规律来看待并照搬照抄。比如，大多数人会认为经过长年积累下来的经验必然优点居多、缺点很少。而任何人也都希望不利因素越少越好，这种心理使人们更倾向于按照以往经验来行事，甚至成为业内的"作业常识"。从上层管理者到中层管理者甚至一线作业人员，都可能被禁锢在这种"常识"带来的错觉中，认为现行的做法是最科学的；或即使不认为是最优的，也觉得别无选择，这都是被常识化了的做法。

在丰田汽车公司创立早期阶段，曾有一项在零件上钻孔的工作。对这项工作，很多新员工选择手动作业方式来完成，而拒绝借力于机器设备。其实，只要员工打开自动模式，机器完全可以自动钻孔。但是，员工们却认为手动作业更有效率。因为如果选择自动模式，即使钻头后来变钝了，机器仍然会继续运作，这会影响钻孔的尺寸甚至导致钻头被折断；而选择手动作业方式则可以随时掌控钻头状况。通常情况下，人们可以在 30 秒钟内钻好一个孔，所以他们认为手动钻孔的效率更高。但事实上，在 7 小时工作时间内，员工们即使毫不间断地拼命工作，也只能勉强钻好 80 个孔。

使用机器的自动模式钻孔一个孔需要花费 40 秒时间，而手动作业仅需要 30 秒而已——似乎手工操作方式的效率很高。不过，在这个表面现象下却隐藏着一个极易被忽视的问题：如果手动钻孔，大约每完成 3 个孔，钻头就会变钝，需要借助砂轮机来打磨钻头；然后再钻3个孔，再去打磨钻头。而由于当时砂轮机数量无法达到人手一台，员工们每次去打磨钻头时都不得不长时间地排队等待。如果将打磨钻头所需要的时间也计算在内，那么为打磨钻头所需的往返时间便达到了10分钟。始终忙碌着的员工认为自己已是非常努力地工作，并在30秒内即可完成1个孔。实际上，他们陷入了"效率很高"的常识性思维陷阱。

常识与保守等思维陷阱会让人看不到精益之处，那么作业改善、价值创造的目的就不可能实现。所以，为了推行精益，企业必须跳出固有思维，勇于变革。丰田在这一点上就值得我们借鉴。

前文我们提过，丰田汽车一直致力于经济实惠的中低端车型，但是，当他们发现连自己的高管都不愿意选择丰田汽车的时候，他们意识到，丰田有必要开发一款豪华车。但是，要推出豪华车，就意味着丰田必须打破日制汽车坚固耐用、简单可靠的基本模式。而且，必须要创立自己的全新品牌以便与世界上的豪华车品牌竞争。这给企业带来的压力与挑战无疑是巨大的。但是，丰田并没有因此退却，在经过一番激烈的讨论后，公司决定打造"凌志"。这一款车为丰田开辟豪华车市场立下了汗马功劳，丰田成功跻身豪华车厂商之列。

企业容易模仿和遵守行业里固有的经营模式，甚至奉为圭臬。那些业界资深企业更是会严格坚守自己的成功之本。但是，精益管理要求企业必须抛弃固有思维，大胆变革与创新，不断寻求新的价值增长。

案例2　　三一集团的技术创新

近年来，我国的企业对于技术研发和创新的重要性也日渐重视，对于追求卓越的企业，没有哪个是不舍得投入的。

我国民营重工企业领导者三一重工集团就非常重视技术的革新。多年来，三一秉承"品质改变世界"经营理念，将销售收入的5％～7％用于研发，致力于将产品升级换代至世界一流水准。三一集团按照"专业化布局，一体多地分布"的思路，在美国以及中国建立起31个研究院、221个产品研究所，依托研发信息化集成体系，实现全球研发数据集中管理、安全共享，支持全球24小时的协同研发活动。

公司建有多个技术研究中心，拥有9大试验检测中心及58个企业级实验室，正在规划建设中国最大的工程机械研发试验中心。公司还广泛开展与国内外高校、研究机构之间的技术合作，是中国产学研合作促进会、华中科技大学校企合作委员会副理事长单位。

三一舍得投入资金，通过建立众多研发基地，为技术人员提供足够的平台和支持，他们才有精力、有资本研发出最顶尖的技术和产品。三一大量地投入研发资金，为自己赢得了众多的荣誉，也奠定了自己行业老大的地位，可谓是"名利双收"。

2001年以来，公司累计获得各级科技奖励100余项，其中国家科技奖3项，中国专利金奖3项，其他省部级以上科学技术奖40余项。两次荣获国家科技进步二等奖，其中三一重工技术创新平台荣获2010年度国家科技进步二等奖，是新中国成立以来工程机械行业获得的国家级最高荣誉，实现工程机械行业和湖南省"企业技术创新工程"类国家科技进步奖零的突破。

截至2012年12月31日，三一集团公司累计申请中国专利6 363件，其中发明专利2 588件，PCT国际专利申请341件，海外专利189件。已获得授权的专利国内有3 640件，海外授权16件，居行业首位。

集团总工程师易小刚荣获中国科协首届"十佳全国优秀科技工作者"称号，是湖南省和工程机械行业唯一获奖者。

技术研发和创新为三一的崛起贡献了巨大的力量，下面是三一集团在重工领域创造的一项项记录。

1998年，三一重工成功研制出中国自己的长臂泵车，长度为37米。

2000年，三一重工全液压平地机下线，属世界首创。

2003年，三一重工黑色路面成套机械全面进入市场，开创了中国路面施工的新工艺。

2004年，三级配混凝土输送泵在三一重工研制成功，破解了三级配混凝土不能泵送的世界难题。

2005年，拥有四个"中国独创"的三一重工路面铣刨机问世。

2007年，由三一重工自主研制的66米臂架泵车获得吉尼斯世界纪录证书，标志着中国的混凝土泵送技术由世界的跟随者成为领跑者。

2008年，亚洲最大吨位全液压旋挖钻机在北京三一重工下线；亚洲首台1 000吨履带起重机在三一重工研制成功。

2009年，三一重工72米臂架泵车刷新吉尼斯世界纪录；三一重机自主研发出中国第一台混合动力挖掘机。

2010年，三一重工研制出中国最大的1 000吨级汽车起重机。

2011年，被业界誉为"全球第一吊"的3 600吨履带起重机正式下线，打破了国外大型装备独占市场的格局；三一重工研制出世界最长臂架86米泵车，再次刷新吉尼斯世界纪录。

2012年，全球最大方量混凝土搅拌运输车在三一重工成功下线。

正是三一重工一次又一次地进行技术创新，不断超越自己，才确立了其工程机械领域的绝对领先地位，问鼎中国甚至世界。

理念 2　　　　　　　　　自主创造与借鉴

变革与创新可以涵盖企业的各个方面，但是最基本的还是技术的发展与创新。三一集团从一家名不见经传的小企业跃居世界领先企业，其不断的技术创新是最基本的助推力。

我们在前几节谈论生产过程的效率、品质与成本问题时，有一个不容易解决的矛盾，那就是成本与质量的平衡。实际上，采用技术创新的方式是提高质量同时降低成本的有效手段。

我们知道，很多产品的主要成本其实是研发成本，它对产品上市周期和终端成本有着直接影响。如果企业能够致力于产品技术创新，就将有助于使整个产业链的研发成本得到降低。

2009 年，中国电信宣布 3G 终端战略提速及采购千元 3G 手机，以期降低中国 3G 手机的门槛。为了满足入门级手机对数据和多媒体功能的要求，CDMA 产业链核心企业高通公司表示，推出了单芯片解决方案，将电源管理、射频收发和基带芯片等都做在一颗芯片上，大幅削减了手机终端的部件数量，从而确保实现成本更低的设计创新理念。更少的部件使得手机设计更简单，因此上市时间会明显缩短，同时还减少了耗电量，延长了手机的续航时间。

高通公司并没有为降低成本而将某些部件直接去除，而是采用集合的方式，使新芯片具备多种部件的功能，从而节省了部件采购成本，也为产品生产环节提供了便利，并为产品销售环节提供了更新颖的卖点。可以说，这项新技术的设计开发，使高通公司既保证了对顾客基本需求的满足，又保证了对生产成本支出的控制，堪称一项获得双赢的质量改善活动。

由此可见，产品质量的改善并不意味着产品生产成本也要跟着水涨船高，产品成本降低也不意味着必须以损害产品质量为前提，技术上的发展就可以很好地兼顾这两个要素。

但是，这里有一个问题：新技术，或者延伸到新的经营模式，是该选择引进还是自主研发？

很明显，行业内已有的先进技术是一种标杆，引进行业先进技术显然是一种低成本、见效快的变革与创新方式。但是，我们同样可以看到，很多企业在"引进"新技术后并未"采用"。新技术因为种种原因出现水土不服的现象，从而被束之高阁。这表明，技术的模仿其实有很多局限性。

不可否认，很多企业都是通过模仿起家的。但是，一味地模仿并不能保证企业的生命。企业必须在借鉴的基础上有自己的突破和创造。

第 4 章　精益应该注意什么

菲尔·奈特是打破过世界纪录的长跑冠军。退役后，他同朋友鲍尔曼于 1972 年发明出一种鞋，并决定成立自己的公司。他们把生产出的鞋子叫作耐克。虽然借鉴了行业内的制鞋工艺，但是耐克鞋起初并不知名。菲尔认为，耐克应该创立自己的品牌。

三年后，鲍尔曼在烘烤华夫饼干的铁模中摆弄出一种丙烷橡胶，制成一种新型鞋底。这种鞋底上的小橡胶圆钉，使它比市场上流行的其他鞋的鞋底弹性更强。这种产品革新的创意看上去很简单，但最终却成就了奈特和鲍尔曼的事业。之后，耐克公司在精心研究和开发新样式鞋方面下足了功夫。这使得它在制鞋业中一直处于领先地位。

所以说，企业应该选择性地借鉴行业的先进技术或经营模式，但是，自主的创造也是必不可少的。从这个角度来讲，我们学习精益生产方式也存在一定的局限。企业应该借鉴当中的精华，并在此基础上努力创新，争取创造一种更加适合中国企业的生产方式。这不也是精益管理的本质所在吗？

辅助阅读

Ringer Hut 的逆向思维

2008 年，大多数日本餐饮连锁店仍然陷在西方快餐的经营模式下，在价格战中打得火热。沿用已有的经营模式无疑使经营者的大脑轻松了不少，但是企业的利润空间却会让他们倍感头痛。Ringer Hut 也是一样。

当时，Ringer Hut 从麦当劳公司招聘来一位社长。这位社长用麦当劳最擅长的优惠券战略经营，然而这种销售战略使之销售利润空间一再遭到压缩，亏损店铺甚多。同年 9 月，这位社长离开 Ringer Hut。而 Ringer Hut 不得不关闭了 50 家亏损店铺，这使得公司 2009 年 2 月期的决算出现了赤字。

企业经营危机使董事长米滨和英认识到：绝不能盲目效仿西方快餐的经营模式；唯有创造出适合自己的经营模式，才能为企业创造更多价值，让企业真正实现盈利。

于是，米滨决定改变过去的经营模式。他提出在食材采购、杂烩面等主要产品的制作方面进行改革——努力向消费者宣传国产蔬菜的新鲜度和安全性，以提高单人消费额度。事实证明，他的战略是正确的。因为，越来越多追求营养和健康的城市消费者对之给予了高度评价。

同时，销售部长种川浩之提出："我们要趁着客流量急剧减少，提高装盘技能，训练服务技能，为消费者提供更加优质的服务。"而为了保证蔬菜的新鲜度，他们决定设计快速的蔬菜加工流水线——遵照及时性原则，及时将加工好的原材料送至各门店。而这个加工流水线最初需要23名工作人员,经过半年改造后,只需要13人即可完成,大大节省了人力成本。

以葱的加工流水线为例,过去的称重计量是十分费力的。于是,设备部自主研发了一种新型计量工具,误差在10%左右。这样,称重工作便实现了自动化,最后只需要一名工作人员微调即可。

当决定在静冈试销新研制的杂烩面之前,米滨让所有人试吃了新面,又呼吁:"要改进质量、服务、卫生方面的一切问题,向顾客满怀信心地销售该产品。"

2009年4月,在Ringer Hut上下的齐心努力下,静冈和鹿儿岛地区的各门店开始正式试销新型杂烩面。

试销效果非常理想。在试销开始后不到一个月,米滨前往静冈互通口店视察。某日下午15时,他像一个普通消费者一般走进店里点餐吃饭,他的旁边坐着一位商务人士。这位顾客一坐下来就点了"蔬菜满满大杂烩",似乎专门为了吃这道菜而来。这让米滨感到了将新产品推向全国的可行性。

不过,虽然试销活动的势头良好,但在10月份推广至全国之前,新面的价格并未确定。而且,人们习惯于价格战,对于如何定价仍然心存疑虑。因为,新面的成本上涨了25日元左右,而且店里更换了容器,提高了服务质量;如果定价过低,便会使公司的利润更低。

但是,米滨根据其对试销情况的观察,认为顾客可以接受提高定价的。于是,他决定将普通杂烩面定价为490~550日元,而"蔬菜满满大杂烩"的价格提高到650日元。

果然,新定价并未阻挡顾客的脚步,这不仅使得Ringer Hut迅速起死回生,甚至使之业绩攀升了一大步。

2009年12月,既有门店的营业额与上一年度同期相比,涨幅高达100%,至2010年2月期决算显示,虽然公司营业额有所减少,但盈利达到5.21亿日元,是上一年同期的27倍之多。而到2011年2月期决算时,已然实现了营业额与利润的双增长。

每种经营模式都可能带来成功,但是并非每一种模式都适合自己。具体而言,当一种经营模式在不同的时间、地点,甚至由不同人来启动时,它都可能创造出不同的结果。

如果看到某个企业启动了某种经营模式,并取得了成功,便快速地拿到自己的"领地"里全面推广,那么这种拿来主义并不会带来必然的成功,甚至可能给企业带来灭顶之灾。不可否认,成功的经营经验确实是需要不断学习,但却绝不可盲目地应用于实践。

案例3　　　　　丰田的"保守"心态

长期以来，丰田公司在引进新技术方面一直处于比较保守的状态。这里的"保守"并非指故步自封、不愿变革，而是丰田的新技术采用必然要经过一个相对缓慢和漫长的过程。

进入20世纪后，信息技术发展迅速，企业如果不引进信息技术就会迅速落伍，面临被淘汰的危险。生产制造领域同样如此。丰田公司也引进了信息技术，但是这个过程要相对缓慢。

20世纪80年代初期，计算机辅助设计（computer-aid design，CAD）技术被广泛应用于汽车制造领域。厂商们用计算机设计汽车零件，丰田也不例外。但是，丰田只把CAD作为一种工具，一切操作都要以丰田的理念和原则为前提。丰田的设计师在工作的时候，会首先考虑这样几个问题：每一个零件组件的特定需要是什么？有什么特定的使用条件？可能的软件选择有哪些？最佳的选择是什么？

在经过这样的分析后，得出的最佳选择往往是低科技的方案。比如说，在分析压制零件的印模时，由于分析技术不够成熟，计算机无法塑造出复杂的零件印模，也不能判断哪一种印模是最好的。而一般的生产厂商会直接使用CAD软件对印模进行分析，然后提出一些片面的建议。而这样的分析结果往往会遭到设计师的否决。与之相对的，丰田的设计师会先绘制一张彩色图以显示印模的各个压点。然后，设计师与制造者共同讨论此图，判断其有效性。这种低科技的做法反而比直接使用计算机技术更加有效。

CAD技术不断发展，众多企业也紧追脚步，不停地改换最新的系统。但是丰田仍然坚守固有的技术。在经过长达两年的细致分析和探讨之后，丰田终于决定采用计算机辅助3D互动应用软件（CATIA）。这一软件是世界一流的CAD系统软件，被汽车行业广为接受。

丰田在使用新技术的道路上始终不紧不慢，所有的新技术都要经过细致的分析，以匹配现有的工作理念和模式。而这并没有影响丰田的技术优势，因为新技术事先经过了全面的分析和认可，后期的使用很少会出现问题。相反，福特公司曾花费数百万美元，快速地采用了另一种CAD软件，但是很快又花费大量资金更换了这一系统。

不得不说，丰田对于技术引进的态度似乎更加精益。

理念3　　　技术应该起到协助作用

在前文中谈到的技术的引进与创新，除了说明自主创造比单纯的借鉴模仿更重要外，还可以得出这样一个结论：任何新的技术都不能照搬照抄，而是要经过实践的验证。丰田就遵循了这样的原则。

丰田使用新技术有一个基本的理念：技术只能作为一种工具，且必须用于协助员工作业以及生产流程。也就是说，任何新技术必须经过企业各部门和人员的实际检测后才能使用。

丰田对于新技术是否可用有这样的评估流程：首先，在采用新技术之前，企业会先详细分析现有流程是否存在精益改进的空间，如果发现这样的机会，就会先依托现有的设备、人员和技术进行改善。在这些都完成之后，丰田才会考虑是否采用新技术进行进一步的精益改善。

在丰田公司最大的复合式工厂元町复合工厂曾经进行过一项提案，一位丰田的信息技术专家向他们提供了一张流程图，上面详细列出了信息的流向，从一部计算机到另一部计算机，从输入到储存到输出。但是马上，这张图被当时的负责人北野三喜退了回去。他这样解释："丰田公司不是做技术系统开发的，而是制造汽车。因此，你应该给我们的是制造汽车的流程图，并告诉我们信息技术如何支持这一流程。"

也就是说，在丰田，新技术被当成辅助人员和流程的工具，被安排在考虑的最末次序。实际上，丰田认为主动进行价值创造的是人员，因此，新技术的角色只能是辅助角色。当新技术的使用妨碍了人员的精益工作时，撤销技术就成了必然的选择。

第5章 如何自发做精益

精益管理的推行并不是单纯依靠企业推行，在这个过程中，作为工作主要执行者的员工起到至关重要的作用。因此，如何调动员工的精益化积极性，是企业需要考虑的重要问题。

解决的问题：

精益的人员支持；

用价值推动精益管理。

第 1 节　人员推动精益

无论是追溯问题根源，还是提高响应速度，抑或加强提案管理，这些还只是推行精益的方法或策略。实施精益还需坚持一个原则，那就是：全员参与，持续改善。因为浪费现象普遍存在于生产的各个环节，要想消除浪费现象，并非短期内即可达成，而需抱有打持久战的心理准备；并且，仅仅依靠一个人或一个部门的力量也难以做到，必须借助全体员工的力量来推动精益化活动。然而，并非所有人都了解并接受精益管理。我们偶尔也会听到这样的抱怨：

"企业做精益改善，效率提升了，但我们会更辛苦了。"

"做精益改善，不就是想让我们多干活少拿钱吗？不就是变相的裁员吗？做改善就意味着丢掉自己的饭碗。"

是什么原因导致人们对推行精益改善抱有这样的抵触情绪呢？从抱怨的内容来看，这是由于人们没有从精益化过程中得到切身利益，更没有从精益化中获得成就感和满足感。如果能解决这两个问题，相信人们参与改善的积极性和热情会大大提高，改善效果也会更好。

案例 1　不可或缺的精益人才

很多管理者都在思考一个问题："丰田生产方式是如何发展到当前规模的？"对此众说纷纭，但是却没有人能够给出一个确切的答案。不过，可以确信的是，如果缺少了优秀人才，那么丰田生产方式便会很快面临崩盘的境地。在丰田生产方式发展的早期阶段，大野耐一曾希望他的这些理念能够得以快速推广，但是他却遗憾地发现：当时丰田的员工尚不具备足够的能力。

有一次，大野耐一进入生产车间，想尝试完成一项任务，这项任务需要几位具备多项技能的员工来共同操作。但是，在执行该任务的过程中，他却受到了很大的阻力。大野耐一自此意识到：丰田必须培养出一些能够支持自己将这些理念转化为现实的员工。如果仅仅一味地要求员工遵循企业制度规范，那么最终是难以实现这一目标的。而那些具有主动思考能力的员工，却可以协助他将自己的新理念付诸实践。事实上，企业构建工作流的目的正是暴露出工作中潜藏的问题，迫使员工主动思考解决问题的方法，并帮助员工提升自身的素质能力。

不过，大野耐一的思想又一次遭到反对。有些管理者借用亨利·福特的话来驳斥大野耐一的用人理念："我需要一双手，为什么还要加上一颗脑袋呢？"也就是说，企业只需要员工做事，而不需要他们贡献别的。那些思考、创造、改善、发展等活动交给管理者和相关专家即可。而大野耐一斩钉截铁地告诉他们："仅仅依靠几位管理部门的专家，无法应对精益管理中的所有问题。如果继续沿用过去的单纯依赖管理层的做法，那么必将导致丰田生产方式的失败。"

反对声浪没有击退大野耐一，反而使他的想法更加坚定了。大野耐一迅速着手为丰田招聘一大批优秀员工。他希望那些具有优秀人才潜力的员工可以迅速上岗。但是，现实情况却使大野耐一感到非常无奈：这些新招聘的员工与其他企业的员工具有相似的广泛特性和问题，诸如缺勤、拒绝变革、缺乏干劲甚至不愿意接受丰田生产方式的理念等现象也同样存在于丰田员工的身上。

大野耐一的无奈感慨，相信很多中国管理者都感同身受。如今，很多中国企业纷纷开始走上精益生产之路，越来越多的企业意识到如果不进行生产领域革新的话，那么企业未来很可能走进一条死胡同。但是，每个企业又都面临着一个难题：缺乏精益生产方面的人才。目前数万家企业都在如饥似渴地期待着能够给企业带来利益的精益生产人才。虽然各家企业都在大张旗鼓地招聘人才，甚至开出高于同行业的薪酬，以期将最优秀的人才招募于本企业麾下，但是招聘来的人才却总是存在某方面的欠缺。

其实，这是人类行为普遍存在的现实性和局限性。大野耐一在实行精益管理的过程中逐渐意识到这一点。他认为可以借助有效的人才机制，来将这些局限性降至最低。于是，在员工招聘时，丰田会根据应聘者的潜力、是否适合特定工作以及丰田的企业文化来谨慎地挑选员工。只有那些具备常见问题的解决能力并愿意参与团队协作的应聘者，才有资格被录用；而后，丰田即开始对员工进行特定能力培训，将员工一步步塑造为符合企业需求的员工。可以说，丰田这种人才养成机制值得很多企业学习和借鉴。

理念1　精益的深层动力

大野耐一致力于培养有思想、能够主动进行精益改善的员工，这在很多企业看来似乎是人力资源的浪费。在传统的经营理念中，人们认为白领阶层或者高级的技术专家才是解决问题、确保品质等重要问题的主要负责人和推动者，但是，丰田对此持有不同的观点。

在丰田生产方式下，生产现场的工作团队才是解决问题的关键人物。这是因为，丰田把为客户创造价值作为最基本的原则和最主要的目的，而工作团队恰恰是进行价值创造的最主体人员。因此，现场的工作人员对价值创造工作最熟悉且能在最大程度上决定品质的高低。因此，丰田采取了这样一种管理架构：实际执行的员工作为第一个层次,第二层次是小组的领导者,他们每人负责一个4~8人的操作人员;第三层次是团队的领导者,他们负责领导3~4个团队。

在这种管理架构模式下,操作人员成为最主要的人员,被赋予了极大的主动性。而小组领导和团队领导则必须为他们提供必要的支持,而不是传统意义上的监控其纪律行为。比如,前文提到的自动化暂停制度,当操作人员发现问题按下安灯装置时,小组领导必须能够及时到现场。他们的主要作用是确保生产线的顺利运转,确保产品的质量合格。

可见,丰田非常重视操作人员的作用,这也是广大企业应当关注的视角。毕竟,基层人员才是最直接的价值创造者。

案例 2　　争取员工的信任

在一开始,丰田生产方式其实并不受员工的欢迎。因为,几乎所有员工的观念都是,丰田生产方式就是在琢磨如何加快速度,催促员工快速工作,而这显然会把人累死。这种敌对的态度代表了大多数员工对丰田生产方式的认识。但是,丰田用它的实际行动破解了这种敌对。

丰田公司并不是一个藏私的企业,相反,它很看重精益思想在全球的推广。为此,丰田决定接管通用汽车在加州关闭的弗里蒙特工厂,与通用共同创立了新联合汽车制造公司,即NUMMI,并试图用丰田方式开展管理。在这个过程中,丰田努力构建员工对企业的信任。

让通用汽车比较头疼的是当地的工会,他们非常激进,劳资冲突严峻。但是,丰田决定让当地工会的特定代表进厂。丰田认为,这些代表是员工中的领导者,而丰田需要有人领导通用的原有员工。丰田把这些代表送到日本的丰田工厂,让他们亲身体验丰田生产方式。在他们改变了对丰田生产方式的看法后,他们说服了工厂里那些持敌对态度的员工,于是,精益思想开始逐步推广开来。

丰田让员工明白,精益生产并不是一种压榨员工价值的工具。为了证明这一点,在通用公司对该厂的订单大幅缩减的时候,他们也没有裁掉一名员工。他们把员工编入改进团队,为他们安排合适的工作。

丰田有一点很明确:维持员工的饭碗是企业的社会责任之一。

在20世纪60年代,美国对进口卡车强制征收30%的附加税。为了避税,丰田决定在美国本地设厂,地点选为加州长滩,工厂命名为TABC。2002年,TABC在长滩庆祝成立30周年。当时,丰田选择将卡车车床工厂迁移到墨西哥,以获得更好的成本优势。因此,这一场庆祝会被认为会是不那么欢乐的。但事实并非如此,因为丰田没有裁掉任何工人。对此,企业方解释说:长滩工厂是30

年的老工厂了,但是丰田的管理高层认为,这里的工人表现一直很好。在有限的资源条件下,他们仍然是执行丰田生产方式。如果关闭,对工人们来说是非常不公平的。因此,丰田试图为 TABC 寻求新的出路。当年 6 月,TABC 工厂庆祝成立 30 周年,同时与日野汽车公司达成新的合作事业。TABC 扩展到制造新型卡车领域。在庆祝会上,公司还表扬了 10 位一直在该厂服务的资深员工。

丰田用一系列行为表明,精益生产的目标并不是为了裁员,成功取得了员工的信任和支持。

理念 2　　全员精益的思维导向

员工是最主要的价值创造者,但是,员工却并不一定乐意配合企业开展精益管理。这是劳资双方的立场决定的。企业可能经常碰到下面的情况:

小张是一家女鞋制造厂的质检员。前几天,他向人大倒苦水:"这份工作很容易与生产车间的人员发生冲突,你看,我的胳膊就是冲突中受伤的。"小张说,厂里经常出现"同一产品却产生截然不同的评判结论"的情况。

由于工厂没有详细的质量等级分级及评判标准,所以,他们很难保证每天的质量核查标准完全一致。当部分产品质量处于合格与不合格的边缘时,就会出现对产品评判结果不一的情况。然而,基层员工的利益却很容易因此受到影响,并为此而发生冲突。

其实,这位员工已经意识到产品质量等级分级与判定标准方面存在不易操作的问题,但是,他却并未对此提出任何改善的建议。这说明,他的精益意识尚不完备,同时也缺少一定的精益知识。这种情况同样表明,该企业未能让精益思想深入人心,调动起员工的精益积极性。

员工是精益的实施主体和基础,如果他们没有广泛接受精益管理思想,那么精益的推行必然困难重重。精益管理的推行应该达到这样一种状态:员工都具有较强的精益意识,他们在工作内外都会积极考虑如何进行精益改善,对工作投注较多的注意力。

那么,如何培养员工的精益意识呢?这就是下面我们要讨论的问题。

第 2 节　价值推动管理

目前,国内很多企业在大谈"精益",但一涉及对具体目标、具体计划的理解与执行时,问题马上就会暴露出来:人们完全没有自主做事的理念,甚至连上级安排的精益推行任务都不愿意参与，更遑论去提出精益改善的建议了。

然而，仔细分析丰田公司的经营细节，我们会发现：杜绝浪费、创造价值的理念早已深入人心，并为企业实现最佳品质、最低成本、最短等候、最佳安全、最高士气提供着理念支持。

例如，丰田汽车一直强调：为了给客户、员工、社会创造价值，必须更加关注创新改进、长期利益、共同发展等等。同时，让全体员工明白无误地理解企业的具体目标要求，明确是强调时尚便捷？还是突出稳定耐用？还是保证安全节能？所有工作必须以高效增值、消除浪费作为努力的目标。这便有效地启发了员工工作时的思维方式。

所以，企业应当站在长期发展的立场上，明确建立高品质组织的观念、要求，为员工的行为建立基本的行为指引。在这之中，寻求个人价值与企业价值的协同是非常重要的一环。

日本学者中松义郎有个重要的理论，叫作"目标一致理论"。这个理论说的是：对于团队中的个体，只有其个体方向与团队方向保持一致时，个体能力才会得到充分发挥，团队整体功能水平才会实现最大化。如果个体方向与团队方向不一致，那么个人便很难在工作中充分发挥其潜能，个体发展途径也难以得到团队的认可，团队整体工作效率也会因而呈现下滑态势。

所以，在精益管理的推行过程中，我们必须专注于个体价值流，确保其流向与企业价值流流向的一致性。否则，企业的精益变革之路将会步履维艰。

案例 1　　松下电器的"全员经营"

孙子在论述战争胜利的条件时，曾总结出这样一条原理："上下同欲者胜。"松下电器从一个微不足道的小作坊起家，如今已经发展成为世界知名的大公司，在全世界设有 230 多家公司，员工数量达 36 万；仅在中国，就设立了 81 家分公司，员工数量达 10 万，销售额高达近 9 万亿日元。

是什么原因使得他们的产品得以风靡世界呢？其中，一个重要原因就是松下电器能够结成一个"上下同欲"的共同体。通过共存共荣的努力，松下电器得以在市场上大获成功。

有人曾评价称，松下幸之助提出的"集思广益的全体员工式经营"、"员工的主人公精神"、"在生产产品之前，首先要育人"等七条经营理念，其中每条都包含了"以人为本"的理念。企业经营中最核心的机密，松下幸之助都会向员工公开，全部交给员工。在他看来，企业的生存和发展离不开每个员工的同舟共济，要使得员工的能量发挥到极致。

松下幸之助一再强调:"松下电器公司是制造人才的地方,兼而制造电器产品。"在这一理念的指导下,他创办了"松下政经塾"。而公司每年用于人员培训与科研开发的费用约占其全部营业额的80%,为企业的发展培养了大批人才。企业还向员工灌输所谓"全员经营"、"群智经营"的思想,即:松下电器的经营,是"用全体员工的精神集结成一体的综合力量进行经营";同时,建立提案奖励制度,不惜重金广泛征求员工的建设性建议,以此大大增强公司的凝聚力。

松下幸之助曾说:"当我看见员工们同心协力地朝着目标奋进时,不禁感慨万分。"他一直提倡"社长替员工端上一杯茶"的精神。他认为,社长不一定真的亲自为下属倒茶,但只要能诚恳地把心意表达出来,便可以使员工感到精神振奋。他将"荣辱与共"的四字题词,亲笔写了250多份,赠给遍布全球的支社社长,以此互相勉励。他还到销售店做"一日店长",与员工打成一片。松下幸之助提出了"松下七精神",即:产业报国、光明正大、和亲一致、力争向上、礼节谦让、顺应同化、感谢报恩。

在这种经营理念的引导下,松下电器中每位员工都切实把公司的事情当作自己的事情来做,全公司没有上下级之间的明显界限,谁有了好想法就提出来,然后大家共同讨论将想法付诸实践。

松下说:"如果员工无拘无束地向科长提出各种建议,那就等于科长完成了自己任务的一半,或者是一大半;反之,如果企业里一片唯命是从的局面,那只会使企业走向衰败。"

当员工提出合理化建议后,松下公司无不认真对待。公司会将这些建议按成效分成9个等级——对有的建议作出表扬,对有的建议作出奖励,对贡献大的建议给予重奖。总之,每一项建议,都会很快得到满意的反馈。

而松下公司采取上述措施的初衷就是,引导员工把公司的事业看成"自己的事业",从而燃烧起自己的热情,把"首创精神"用于工作,"产生无法想象的伟大力量"。

此外,松下幸之助还实施"高福利"政策——他鼓励员工向公司进行投资,建立"储蓄制度"。特别是在公司改组为"有限公司"后,松下公司开始施行附有奖金的"投资储蓄制度",建立了新的"员工拥有住房制度",改善了公司内部的住宅分售、贷款制度,建立了福利养老金制度,并根据员工个人志愿,把"退休金"改为"终身养老金"。

通过倡导"全员参与企业经营",松下公司真正实现了"上下同欲",而其取得的实践成果也恰恰佐证了这种经营理念的正确性。

理念 1　　上下同欲者胜

一个人的能力是有限的，如果只靠一个人的智慧指挥一切，即使一时取得惊人的进展，也肯定会有行不通的一天。因此，松下公司不是仅仅靠总经理、靠管理监督者经营，而是依靠全体职工的智慧经营。这就是松下公司的经营方针。前文中这些松下电器经营的碎片呈现，实际上恰恰折射出了松下电器企业经营的精髓——"集中智慧的全员经营"。

这同样是精益管理的重要要求。在精益管理思想中，企业需要赢得员工的信任，努力使员工的个人价值与企业价值实现统一。这样才能获得员工对精益的大力支持。全员经营管理就提供了这样一个契机。

不难看到，松下采取的种种措施充分兼顾了员工的个人价值需求，因此得到了员工的支持与积极参与。同样，丰田也非常重视获取员工对精益的支持。为此，丰田采取了很多激励员工的方法。

首先，丰田为员工提供了良好的工作保障、安全的工作环境，满足了员工价值追求的基本层面。其次，员工对于工作的认同感很大程度上来源于工作的趣味性，因此，丰田为员工提供了丰富化的工作。比如，在精益化的现场中，员工需要掌握的可能不仅仅是某一分项操作技能，而可能需要更加全面的技能，这其实有助于降低员工的工作的枯燥感。最后，丰田给予员工更多的自主性，比如在自动化推行中，员工有权力判断是否存在问题并按下安灯装置，他们被赋予更多品质责任。

当员工不是单纯为了工资而工作的时候，价值意识深入人心，他们将更容易认同企业的精益化推行。

辅助阅读

目标价值管理

最有效的管理员工的方法莫过于让员工自主实现价值创造。这是精益思想的重要要求。于是，目标价值管理成为一种时尚。

目标价值管理是指以员工自主设计目标、创造价值为核心的管理方法。目标价值管理从自主创造价值的角度出发，对于管理效率和效果的提升具有较好的推动作用。这种方法多运用于松散型、创意型或服务型组织中。

在企业中，价值追求以工作目标的形式具象化，呈现在所有人面前。目标价值管理的核心就是自主创造价值，这种管理方法不再将关注点落在企业所制定的各种有形的目标，而是强调员工自我价值判断和定位，树立自己的目标，并以此推动企业价值的不断扩大。

目标价值管理是对员工个体行为的激励。其实施原则就是，个体具备自主选择价值创造方式的权力。

微软公司的管理在一定程度上体现了目标价值管理理念。担任微软前首席技术官的巴特对此颇有感触。52岁的巴特是在盖茨亲自面试下进入微软公司的，并得到了相当宽松的工作环境。除了盖茨偶尔向他请教一些问题外，几乎没有别的人来打扰他。

"微软也不给我派什么任务，也不规定研究的期限。我可以一门心思地钻研一些我感兴趣的问题。有时，盖茨来问我一些很难解答的问题，比如大型存储量的服务器的整体架构应该是怎样的？像这一类的问题我一般都不能马上回答，而要在一两个月之后才能给他答复，因为我要整理一下材料和思路。"

在这种环境下，巴特既不需要从事繁重的产品开发工作，也不需要进行烦琐的行政管理工作，只是安安心心从事自己喜爱的科学研究即可。大多数时间，他都待在微软的研究院里，即使几个月、一两年都没有研究成果，他的薪金和股份也不会受到影响。

在这种宽松的工作氛围下，谢利、巴尔默、西蒙伊、莱特温等相当一批英才聚集到了微软的大旗下，为微软的发展贡献了巨大的力量。

盖茨的这种管理方法虽然不是完全的目标价值管理，但是允许个体自主追求价值、自主定位目标的管理方式与目标价值管理的基本原则是一致的。

案例 2　　丰田：共识下的决策

丰田公司的决策遵循这样一个原则：不急于作决策，要彻底考虑各种可能，以共识为基础。

肯塔基丰田汽车公司前副总裁亚历克斯·沃伦说：如果一个美国公司有一个计划必须在一年内付诸实施，那它大概会花费 3 个月的时间进行规划。但是，在开始实施后，他们将遇到各种问题，而一年中剩下的时间就被用来解决这些问题。反观丰田公司，对于同样的一年期计划，它可能会花 10 个月的时间规划，然后小规模执行，最后全面推行。但是，这种计划实施之后通常不会再遇到什么问题。

与丰田共事的律师理查德·马勒利于 1989 年受聘于丰田，协助公司收购亚利桑那州的一块土地。他开玩笑说，在与丰田打交道后，他对该州的法律事务历史、政策发展有了更透彻的了解。他说："我必须详细回答丰田团队提出的无数问题……他们总是深入挖掘，想知道全部的历史背景，以便作出最合理的决策。为此，我必须重新学习，了解更多的东西。"

很多人在遵循丰田公司处事的方法时会感到很困难，因为丰田的在共识的基础上作出决策的过程和大多数公司的做法有很大出入。很多人会疑惑，为什么这么讲究效率的丰田公司会采取这样一种耗时、缓慢的决策过程。但是，在遵循这种方法数年之后，大多数人将会折服，并且这种方法会对他们个人的生活产生极大的影响。

丰田的每一项决策都要经过严谨的事前规划，他们会同时考虑多种可能的选择方案。丰田将这种方法称为"多选择同步考虑工程"。

20世纪90年代，丰田公司开始认识到时代发展对汽车的要求将会更严格。为了长远发展，丰田开始考虑开发小型的省油车，于是，"先驱"车款浮出水面。在其发展过程中，多选择同步考虑工程得以充分体现。

比如，在为"先驱"车款发展新的悬吊系统时，企业举办了一场竞赛。丰田从中获得了20多种不同的悬吊系统设计，然后，同时对这20多种设计进行分析测试。当时可选的复合动力引擎也有许多。企业从80种引擎中分析选择，剩下了10种。再经过对比选出了4种，最后经过谨慎的评估确定了其中一种动力引擎。先驱的造型也是各地设计中心竞赛得出的。丰田从20多种设计中挑选出2款，在充分征求改进建议后，最终确定了一种款式。虽然新品的开发时间紧迫，但是整个决策过程仍然遵循充分、谨慎的原则。

多选择同步考虑工程似乎非常复杂，因为企业要考虑多种可能方案，需要耗费更多时间。但是，丰田的产品发展却比大多数企业都要迅速。

在对各种可能方案进行分析的过程中，丰田动员所有的人员参与进来。企业会征求企业各部门的意见并获得同意。比如，在一款新车的设计制造过程中，工程师会将各种可能的设计及想法进行充分分析，做出包含各种问题和解决方案的研究制图，然后把所有的制图整合起来，发给各个部门征求意见。被征求意见的可能并不是专业的工程师而是行政人员，但是他们必须对此提出中肯的建议，并签名。丰田认为，虽然不是专业人员，也可能看到其他人看不到的问题。而且，他们的意见必定会得到重视，虽然结果并不是每个部门都能得到益处。

在经过长期的分析和沟通之后，方案得以确立并迅速执行。这个过程是不会有太多阻碍的，因为所有部门都看过方案并且确认同意了。

理念 2　　　　　　　　争取最多的支持

很多企业的决策倾向由管理者单方面作出，然后宣布实施。在这种情况下，极易引起执行过程的阻碍或出现各种未曾预测到的问题，导致方案延误、返工甚至举步维艰的情况。其根本原因，就在于该决策并未取得全体部门的价值认同。同样，在推行精益化的过程中，这种情况也会成为巨大的阻碍。

这在企业中非常普遍，各部门各自为政，集中于自身目标的追求而忽视企业整体的决策价值。这种现象被称为"部门墙"。

一位员工发现：该企业在一年前开始推行准时制生产，对生产现场的布局调整得比较合理，但一年后的情况并不理想。由于相关部门在管理思想上没有根本转变，管理方法无法适应准时制生产的要求，导致公司采购环节的物资供应滞后、采购跟踪和反馈不力，严重制约了整体效率的提高。

专家组反复寻找症结，结果发现：在推行准时制生产的过程中，只有生产现场制造人员的思想得到了转变，而其他部门的人员则认为"精益生产方式是生产现场的事，与本部门毫无关联"。因此，物资供应未能与推行精益生产方式的生产现场融为一体。

在这个例子中，企业上下尚未完成精益化推行的共识，便匆匆忙忙地开始引进精益生产方式，于是，不可避免地遇到了阻碍。虽然在生产现场中也取得了细微成效，但是由于价值不统一，精益化推行的基础并不牢固，导致现场取得的成绩无法得到其他部门的长久支持，最终陷入进退两难的境地。

但是，丰田极力消除这种情况。因此，在决策过程中，他们充分征求各方意见，并努力达成共识。

也许有的管理者会说，很多时候需要迅速做出决定，这时候无法取得全员共识。的确，丰田也会遇到这种情况。但是，他们更加偏向于团体决策，只有在团体共识无法达成或紧急情况下，管理者才会单方面作出决策。

企业不愿意采用丰田决策方式的另一个原因是，这个过程会花费较长的时间。大部分企业都会尽可能快地推行新计划，把更多的时间放在执行的过程中，丰田却反其道而行之。事实也证明，丰田的方法似乎更有效率。磨刀不误砍柴工，充分的准备为的是更顺利地推行新的方案。也许，在推行精益化的路上，企业也应该借鉴这种团体决策制定的方法。

> **辅助阅读**
>
> ### 海尔的"SST"管理体系
>
> 在实现国际化战略的指导和要求下,海尔集团大力实施业务流程再改造,将企业的外部竞争环境转移到内部环境的提升上。为了促进部门间的协作配合,海尔集团采取的具体措施是,在企业内部各部门之间推行"SST"管理体系。
>
> 所谓SST是指在部门间实施"索酬索赔跳闸"管理。它要求每个部门和每位员工不再对其上级负责,而是对与其关联的内部市场顾客负责。
>
> 在这个体系中,所有员工的关系都是一种内部契约下的市场关系,每一名员工都是上道工序的市场,同时将下道工序作为自己的市场。这样,各部门和员工之间就形成了或接受服务或提供服务的关系,彼此的利益也紧紧地套在了一起。倘若我给你提供了优质的服务,我就可以向你索求相应的报酬;倘若我干得不好,下道工序就可以向我索赔。如果既不索取报酬也不索要赔偿,第三方就会出面干涉,即海尔所称的"跳闸"。
>
> 海尔的这套管理体系,不但有效地督促了各部门之间相互监督、相互鼓励,还很好地加强了各部门之间的相互协作和配合。这种管理体系是消除"部门墙"的有效方法,有效地确保了产品的品质。可以说,是一种从制度上迫使部门价值达成共识的方式。

案例3　　丰田的职业导师

在丰田,当一位新员工刚刚进入结构工程部时,该部门会为他配备一名职业导师(资深工程师)和一个精益改进项目。这通常是一个小型、具有挑战性的技术项目,比如如何减少某个零件上所需的线束扣件孔数量。实施这个项目的目的是让新员工学会利用基本工具并寻求其他方法来完成任务,以协助讲授丰田工程方法。丰田导师们会始终强调一点,即一位员工不能仅仅向上级提交问题的答案,还要考虑多种可能的解决方法及其影响力,并且用决策矩阵等形式表示出来。通过这个新人项目可以使新员工全面融入精益生产方式中。

在员工为期8年左右的发展阶段,导师会持续不断地对其加以辅导和考核。在考核过程中,导师会根据丰田标准要求来衡量该员工的技术进步程度、对公司的流程及标准方法的坚持,同时也会考虑与该员工合作者的意见,以补充考核参考信息。然后,据之概括出该员工工作中的可改进之处,并形成改进计划。在这种培训模式下，日后员工无论从事任何工作，都会始终坚持精益原则。

在丰田汽车内部，人们将"真北"（导航上提到北极与领航员相对的位置，北极星就是真北的位置）作为他们完善精益管理的终极方向。就如同古代旅行家需要借助北极星的指向来行路一样，人们需要依赖内部导师来保持自己始终朝着同一个方向发展。在精益实施中，职业导师角色之重要就如同北极星之于旅行者的重要。和职业导师一起工作更接近实习或学徒关系，这是其与传统培训的不同之处。在职业导师的指导下，人们会学会如何将理论运用到实际环境中，并仔细核查自己的学习结果如何。

一些优秀的职业导师会选择使用苏格拉底式的工作指导方法，通过提出问题来激发人们全面思考各种可能性，以此拓展其精益思维和精益认知。在这方面，职业导师会邀请人们尝试思考以下问题：

➢如何辨别这个区域中什么状态是不正常的，而什么状态又是正常的？
➢如果将测试的时间间隔缩短，你有可能发现什么？
➢在这种情况下，你最应该做些什么工作？
➢怎样才能使你的预期目标更加明确清晰？
➢你怎样才能确认自己是否按照规定的流程来操作？
➢如何知道那一项任务是由谁来负责的呢？
➢如何确认自己已经全然了解这些情况？

在早期介绍精益或其他特定技能或方法的基本概念时，一些导师的教学方式可能更像是典型的课堂教学。为了使这些教学效果更佳，课程内容会被迅速应用于车间中的观察工作和实际应用，而导师们则会迫不及待地将学员们带到车间中进行现场实践，以此巩固所掌握的理论，并解决实际工作中所遇到的各类问题。

理念 3　　培养拥护公司理念的团队

精益是一项看起来比较复杂的事，让人感到似乎难以应对。因此，精益化的推行过程必然会受到很多打击，如果员工无法坚持精益的信念和原则，我们可以想象精益推行的最终结果会是怎样的。诚然，员工可以通过阅读精益资料、参加精益研讨会或者参加模拟演练，来培养自身的精益素养。不过，这些方法远远不及一个具有实施精益管理经验的人更得力。也就是说，一位得力的职业导师是必不可少的。师从职业导师，会使员工始终坚持精益原则，推进工作和企业运作向着精益化发展。

丰田在育人上始终遵循这样的原则：把彻底了解并且拥护公司理念的员工培养成领导者。这给我们的启示是，推行精益的道路上，那些认同精益并理解精益的人应该发挥更加重要的作用。

国外的知名企业往往喜欢频繁地更换首席执行官,并且这些人大多从外部招揽。诚然,这些领导者具有卓越的能力,并且可能为企业发展带来了较大贡献。但是相较于丰田公司,这些领导者所在的位置却处在实实在在的动荡中。因为他们不仅需要为企业负责,还要看股东的脸色,而股东大会和董事会会因为各种各样的理由选择更换总裁。在这样的角色状态下,领导者对于企业的忠诚度以及对企业文化的认同感实在不能说深厚或者透彻。而企业自然也呈现相对动荡的状态。相反,由于日企大多实行终身雇佣制,因此,丰田更加注重管理层对企业理念和文化的认同程度。

在推行精益化的过程中,丰田的领导者非常明白,精益化生产将是一场持久的战役。而这时,企业必须选择与之有共识的员工来领导这场战役。实际上,不仅仅在精益化的推行过程中,丰田的日常管理也会遵循这一原则。他们倾向于从企业内部培养领导者,以便使丰田的文化传承并延续下去。

丰田一直致力于让员工形成精益化的思维。他们会花费多年的时间去培养一位员工,帮助他们提升技术水平和技能,使其充分了解丰田的理念。在上面的案例中,这种态度可见一斑。而丰田这种育人态度也使得丰田生产方式具备了持久的生命力。

因此,企业寻求员工的价值认同,不管对当前的管理来说,还是对企业的长远发展来说都是非常有必要的。但是,我们还有一个疑问,那就是在不实行终身雇佣制的企业中,如何去培养认同企业理念和价值观的团队呢?这一点,又可以回归到本节开篇所提的观点:上下同欲者胜。

辅助阅读

理光制造的人才培养计划

自成立至今,理光制造一直致力于帮助客户提高生产力。理光当前拥有的产品涵盖了复印机、打印机、传真机、光盘驱动、数码相机和电子设备等。作为最早探索数字图像输出技术的厂家之一,理光制造在欧洲、美国和日本皆处于市场领先地位。然而,一个现代高科技企业怎样才能在竞争激烈的国际经济舞台上立于不败之地?

理光公司总经理樱井正光一语道破关键——人才培养。

首先,理光公司进行了系统的人才规划。理光公司认为人才规划不能够仅仅是人力资源部的精确计算,必须要让业务部门紧密参与进来,由此实现人才规划对企业战略和业务的支持。

在人才规划实践中，理光公司的人力资源部门是推动部门，业务部门才是人才规划的主体。人力资源部通过收集市场的人才结构、人才配比、人均效能等数据信息，帮助业务部门更好地实现人才队伍配置，而整个组织也通过人均利润、核心人才流失等KPI（关键绩效）指标，来监控整体人才管理的状态。

其次，理光公司对人才培养的方式也极度重视。过去，理光公司采用的是"台上讲，台下听"的方式。虽然这也是一种重要的培训人才的方法；但现代企业最需要独创性的人才。所以，理光公司设计了现在的管理思路：只要公司内有人想做一件事，就为之创造条件。因为，如果人们在做事情的过程中遇到困难，主动发现了自身知识的不足，他们便会自觉地学习。如此一来，人才培训的核心就发生了变化——从过去的"让你学"，转变为现在的"我要学"。

为了对员工的主动学习提供支持，理光制造还设计了横向与纵向的培训课程。其中，横向培训是指如果员工先有某一专业的知识，那么随后会为之提供积累横向发展工作经验的课程和工作机会；而纵向培训是指如果员工已经具有丰富的工作经验，那么随后会为之提供纵向管理提升的课程和工作机会。

这样一来，不仅在企业内部形成了一种自主、积极学习的氛围，拓宽职业空间，让员工获得了自我满足，同时也为企业的精益化管理实践，积蓄了大量的人才储备。

第6章 如何维持精益

精益管理的推行是一场持久战,为了取得胜利,企业需要建立持续改善、不断进步的意识,争取取得精益化全方位、更深入的执行效果。

解决的问题:

精益是循序渐进的;

循环的改善;

习惯性的精益管理。

第 1 节　循序渐进的精益

越来越多的企业开始重视精益化管理，他们专门聘请专家或邀请专业培训机构进行指导，或者加强精益工具的使用……精益化活动进行得可谓"轰轰烈烈"。但是，能够一直坚持下去的企业却寥寥可数，大多数企业浅尝辄止——当企业运营状况稍有改善，精益化活动便告暂停了。

实际上，每家企业中都存在着一些不够精益的问题，而且没有任何一家企业能够达到"无法进一步改善"的境界。因为每当一个改变发生时，都会引起其他连锁改变，于是又产生了可以再次改善的空间，周而复始。而且，企业外部环境瞬息万变，新的问题总是不断发生，精益化活动永无止境。因此，管理者和精益参与者都必须清醒地认识到：精益化是一个长期的改善过程，绝不是花几个月即可完成的项目。

精益生产的开创者——丰田公司的产品和管理之所以居于世界领先水平，就在于：在其实施精益生产五六十年的历程中，丰田始终以每年5%~10%的进步在不断自我改善。与之形成鲜明对比的是，很多企业目前仍处于粗放式管理阶段，浮躁之风盛行，管理弊病积重难返，生产资金占用大、产品制造周期长等，这些都是不容回避的现实。在这种情况下，要想一蹴而就地实现精益化，是不可能的。而仅限于浅尝辄止的精益化活动，更是难以看到成效。

因此，我们要认识到：由企业发起的精益化活动不能像一场即兴的活动，说开始就开始，说停就停，而要成为一种常态化管理。只有成为长期进行的常态管理，精益化才能出成效。

案例 1　精益，改善是没有尽头的

丰田公司在美国设立了一个丰田供货商支持中心（Toyota Supplier Support Center，简称TSSC），以便向美国的企业推广丰田生产方式。TSSC和美国不同产业的很多公司开展合作，帮助他们实施精益化改革。通常，他们花费6到9个月的时间，改进某公司的某条生产线。

一般来讲，美国的企业如果有实施丰田生产方式的意向，便会向TSSC提出申请。但是，1996年，TSSC采取了相反的方法，他们主动联系了一家工业感应器制造公司。当时，这家公司号称是实施精益生产方式的最佳典范，成为美国想要进行精益改革的企业的头号拜访学习对象。因此，TSSC选择他们作为服务对

象颇令人不解。

在双方开展合作的当时，该制造公司已经实现的优秀生产方式包括：成熟的生产单位，能够解决问题的工作团队，问题解决有专门的时间和奖励制度，为员工建立了学习资源中心。

TSSC在这家公司里选择了一条生产线，使用丰田生产方式进行改进。结果，9个月之后，这条生产线与之前已被称为世界一流、最佳典范的情况判若云泥。其精益化的程度，另该公司和外界大吃一惊。这条生产线的所有重要的绩效评估指标都明显超出同厂的其他生产线。比如：生产产品的前置期缩短了93%，从12天减为6.5小时；在制品存货期缩短了83%，从9小时减为1.5小时；成品存货量减少91%，从3.05万件减少到2 890件；生产力提高了87.5%；加班时间减少了50%。

在TSSC到来之前，该公司的精益方式的确有了很显著的效果。但是，与TSSC改进之后的生产线相比，其差距仍然十分巨大。由此可见，精益改进的空间是永远存在的，企业也不应该认为已经实现了精益，实际上，不精益的问题会不时地凸显出来。

这个例子在现实推广精益生产的企业中也是很常见的。

几年前，很多企业都在大力引进精益化管理。一家服装制造企业的管理者也紧跟"时尚潮流"，请来咨询师开展精益化活动。接下来，企业从生产环境到员工素质培训都进行了全面整顿。经过验证，这一阶段的工作取得了阶段性的成绩，次品率下降了，即便是包括人工在内的基本运营成本也有一定程度的下降。管理者对此感到非常满意。

过了一段时间，该企业进入生产旺季，生产任务繁重，这位老总每天为订单和生产效率忙得焦头烂额，虽然大家都知道当时的精益化是为了提高质量、减低成本而推广的，但是企业上下在追求速度的过程中，便心照不宣地将一些精益事项搁置一边。旺季过后，企业老总发现财务部上交的报表上，次品率照旧，运营成本照旧。

为什么会出现这种情况？实际上，该企业的精益改善并不深入。其精益活动或许在淡季的时候有一定的效果，但是对旺季的生产并没有益处。这也说明，该公司的精益生产并未深入，而只是停留在表面几个指标的增长上，等到旺季来临，生产压力骤然变大的时候，问题就暴露了出来。

理念1　　　　　　　　　　精益永无止境

精益改善是一项长期工程。当改善取得一定成效后，我们可能会产生这样的想法："改善后的效果确实比原来的效果好得多，这应该已经是最好的方法了吧。"这样的误解最终成为持续改善的障碍。因为,精益并不是通过短暂阶段的努力就可以实现的。即使现在的状况已经是目前最好的,也不代表将来仍然没有改进空间。

因此,企业必须时刻保持一颗改善的心,而不要试图寻找任何停止改善的借口。

长久以来,人们都在致力于精益推行。就像丰田人,即便到了今天,他们仍然认为:"精益改善尚未完成。"

大野耐一的说法是:"精益永无止境。"他还说:"把一个精益项目做完了以后,在它下面下一个需要精益的'芽'绝对会冒出来。"就是说,如果只完成了一个项目就高兴,是看不到下一个"芽"的,最后就有自己将"芽"弄断的危险。

一位从事快速消费品类行业工作的管理者曾说了这样一段感受:"我们曾经在全国推出过一个名号响亮的产品,但是,如果按照这个流程体系再推出一个产品,难度却很大。因为在当前的市场环境中,如果想推出一个新品,需要考虑到的因素非常多,比如,推出的地区、产品终端、销售人员、新闻媒体、媒体付费、广告版本、产品考核期、产品投入产出比等等,哪个因素也不能少。原来的新品上市流程,根本经无法适应现实需要。原来我们的计划做法是为每个部门发一张大表格,部门之间看不到对方的数据变化,各部门对其他作业流程运行结果的预估极为简单、宽泛。当销售部根据一个阶段的实际业绩来考核后,马上就需要考虑对原来计划的广告投放和促销手段等进行调整。原始计划和执行计划完全成了两回事,这种旧的作业流程让我们在新环境里吃尽苦头……"

这家企业曾经有过成功的新产品上市,带来了可观的收益和响亮的名声。他们最初的新品上市流程,曾一度成为业内人士学习的榜样,是同行企业流程优化的参照。但是,如今他们计划再推出一个新品来完成企业的又一次飞跃时,得到的却是一个失败的结果。不过是短短两年时间,他们就必须老老实实地改进自己的流程了。

由此可见,精益管理实际上是一个不断改进与完善的过程。一个成功的企业若不能长期持续地追求精益,那么它将渐渐失去精益的优势,走入困境。

然而,考虑到精益推行过程的艰难(可能受到诸多障碍),怀疑自己的能力(认为自己无力承担改善的重任),只会使人们望而却步,半途而废;唯有目标坚定,竭尽所能,全力以赴地推动精益推行活动的顺利进行,最终才能收获精益推行的硕果。

如果人们采取了有效的精益推行方法、技巧,那么稍微认真努力的话,就有可能把成本降低 10%~20%。但是,很多人到这里就变得安于现状。他们认为已经取得了不错的效果，而"再改善的难度系数就会变大，等于是在难为自己"。于是，他们便在无意中放缓了追求精益的步伐。而之前所产生的精益推行效果也因此无法长久维持，转瞬间企业便又会回到过去的状态。

由此足见，长期坚持对于企业精益活动而言的至为重要的——只有坚持下去，才能让精益活动真正地发挥效果。

案例2　　大久保恒夫的高瞻远瞩

日本成城石井集团（以下简称成城石井）创立于1927年。从20世纪90年代起，它的门店扩张到了日本中部、关东、近畿地区，成为了日本知名的高级食品连锁超市企业。但是因创始人自身的一些原因，2004年10月，它的经营权被转交到了经营烤肉店"牛角"的REINS国际株式会社（今雷克斯集团）手里。之后，成城石井陷入一片混乱。

由于新的管理团队不善于零售业的经营，下达的指令漏洞百出，开辟新的市场时操之过急，导致已有店铺的营业额大幅下降。在此背景下，日本企业重组基金会在2006年年末收购了其控股公司——雷克斯控股，紧接着在2007年2月任命大久保恒夫为成城石井的社长。在保持原来店铺经营特色的基础上，大久保进行了经营方针的改革。

比起商品方面的改善，大久保在就职之初更看重的是如何建立一个PDCA（计划、执行、检查、改正）循环系统——以10个KPI指标为基础，以周为单位进行循环。此举的目的在于明确指令，切实保证门店贯彻了运营的根本要求。

其次，他还新开设了"经营会议"——于每星期一的中午准时召开。在会议上，他们将分析上一周的KPI数据，讨论解决方案，并在本周内执行。

此外，大久保禁止了海报促销等与价格有关的促销活动。这一决策导致的结果便是，从大久保就任社长的第二个月（2007年3月）起到2007年9月，成城石井各大门店的销售额与上一年同期相比呈严重下滑态势。由此足见"取消打折活动"所带来的影响之巨大。若是换作普通的经营者，看到这一情况后，他们可能会马上将营业额和利润指标也加入到KPI中，并向销售人员施加压力。

但是，大久保却选择了相反的模式——他将这些结果指标排除在KPI之外。大久保制定的KPI有10个左右，但他并没有要求员工们在同一时期进行改良，而是让他们按时间顺序，投入全部精力，各个击破。

首当其冲的KPI指标是"礼貌用语"。因为他认为，要想留住那些在商场不打折的情况下仍然来购物的老顾客，这是一项不可或缺的因素。公司在每个分店都安排了外部调查员，负责考核每家店礼貌用语的使用状况。

几个星期之后，公司将目光转移到了"重点商品的缺货率"这一指标之上。公司定义的"重点商品"共有 128 个品种。大久保从总数逾 10 万种的商品之中挑选出了包括红酒、奶酪在内的 8 个商品大类，又从这 8 个大类中分别挑出 16 种商品，总计 128 种商品。

这些重点商品的挑选标准为：能体现成城石井自身注重质量的特色，能让人有十足的自信向顾客推销，而且毛利较高。

大久保一方面在公司内部强调不要过分重视营业额和利润，另一方面促使员工将销售的重点放在这些"重点商品"上。如此一来，即使不注重营业额和利润，它们也会自然而然地提高。原则上，成城石井的所有门店中都实行统一的"重点商品"销售策略，配合 KPI 中的"缺货率"管理方案，各门店的订货逐步稳定。

随着"缺货率"的解决，"重点商品的销售量"这一指标迅速被提上日程。为了提高销量，各家门店将重点商品陈列在店内醒目的地方。在收银台前面的"宝地"中，也都摆放着公司规定的"重点商品"。就这样，大久保有步骤地进行 KPI 管理，以强化着店铺运营，而基层的员工也乐于参与其中。

2007 年 2 月，"重点商品"策略刚开始实行时，"重点商品"的销售额仅占所有商品销售总额的 25%；但是到了 2009 年 5 月，这一比例增长到了 65%。与此同时，成城石井的毛利率从原先的 29% 增长到了 33%。

理念 2　　精益无捷径

激进的策略容易导致失败，稳扎稳打才容易获胜。

大久保认为，"要以长远的眼光看结果，而不是一味要求员工追求利润"。这一观念促使他在经营企业的很长一段时间里，均未将"营业额"、"利润"这些指标列入 KPI 考评中，而让成城石井人员将销售重点放在"重点商品"上。

虽然在长达 7 个月的时间里，成城石井各门店的销售额呈下滑态势。但这并没有使大久保放弃销售方针。他坚信：放眼长远，企业经营必然会见成效。

事实上，由于所有门店中都实行统一的"重点商品"销售策略，并配合 KPI 中的"缺货率"管理方案，这使得各门店的订货一步步稳定下来，从而有目的地销售指定产品，缺货率随之得到解决，而公司的利润率果然随之提升。

这给我们一个启示：企业经营绝不是一个"投入之后便可立即获得回报"的事情；它应该是，也必须是基于一种放眼未来的长远视角，如此方能保障企业的成长与发展。我们必须抛弃这种"毕其功于一役"的幻想，做好打硬仗的思想准备，这才能避免做一些无用功，这正是精益化之路的另一个基本准则。

大久保恒夫在改革的一开始并没有把关注点集中在业绩的提升上，而是专注于打下坚实的基础，一步一个脚印地进行改善。这种做法在短期内可能没有明显的效益，因而很多人并不乐于选择或者认同这种方法，而是倾向于可以立竿见影的措施。但是，就实施的长远结果来看，大久保的做法似乎更胜一筹。

　　随着精益化思想的风靡，推行精益化成为企业运营中的一种"时髦"行为。"推行了精益化，企业管理中的浪费现象就可以立即得以消除，企业运营效益马上会得到提升。""请来了顾问公司，精益化目标自然指日可待啊！"……精益化管理似乎成为企业管理的一剂灵丹妙药，一时间，大力推行精益化的企业趋之若鹜。但是，许多企业并没有认识到，精益化之路并不是成功的捷径，精益改善本身就是一项漫长的工作，需要一步一步，循序渐进。

案例3　花王日化30年利润增长的背后

　　日本花王集团由长濑富郎创立于1887年，其前身是西洋杂货店"长濑商店"。该集团公司主要销售美国产化妆香皂以及日本国产香皂和进口文具等产品，种类多达600多种。如今，花王的家用消费产品早已家喻户晓，甚至在当前不利的市场环境下仍然实现了连续30余年的利润持续增长。

　　然而，使得花王集团赖以生存的因素，并不是在IT业中令人关注的新科技。实际上，其利润增长目标的实现主要源于公司坚持不懈地从多个角度去探查改善点，进而实现精益求精的管理理念。

　　多年来，花王集团在各个部门（包括研发部、生产部、销售部和物流部等）全面推行了改善项目。通过每年实施超过1 000项的创新措施，公司每年缩减了近100亿日元的成本。据称，在推行创新活动的彻底程度上，就连创立精益生产方式的丰田公司都一度不敌花王集团。

　　改善项目的有效程度，我们可以从花王集团销售成本的比率中清晰地看到——该比率在1985年为58.1%；至2002年，降低到42.2%。负责生产和改善的董事总经理康夫出光自豪地说道："哪怕仅仅是一个小小的改良，如果能坚持操作10年的时间，也会成为一项创新和创举。"

　　当然，企业各方面实施精益改善的起步点，必然是基础设施的完善。花王日化也是如此操作的。

　　例如，花王日化设计了"多功能生产线（nandemo-line）"，称为"N—线"。这种生产线的最大优势在于：它可以被灵活地应用于生产多种产品。在一个体育馆大小的厂房中，花王设计了四条N—线。在加工的第一步，主要由机器进行灌装并加盖；而到了最后一步时，每条生产线则大约有10名临时工，对产品进行手工装盒。而且，为了满足于不同的产品生产需求，产品线调整时间也从几天缩短到了 30 分钟。如果为了生产新产品而要对生产线作出重大调整，那么成本大约可以控制在 20 万～100 万日元，而在过去可能需要花费 1 000 万～2 000 万日元。

此外，花王还采用人力模式装箱，而非机械化模式。这样的做法看似有悖于常理。比如，在雄琴工厂的仓库里，一个装满产品的纸箱如果要被装厢（比如一个装满一次性尿布和卫生巾的纸箱），通常是由人工装上卡车的。而在很多企业中，这些产品则由叉车直接装上卡车。

表面上看，后者的模式更节省人力；然而，花王的做法也是出于非常审慎的计算后确定的节约模式。因为，在数量相等的情况下，这类货物要比其他货物占用更大的空间；此外，如果货盘也一并装入卡车，那么装货空间会被浪费掉很多。通过对可能增加的人工成本和因采取人工装货而随之减少的物流成本进行计算之后，花王认为：如果送货距离超过 150 公里，那么采取人工装货模式可以降低运营成本。

当然，花王并不仅仅靠成本竞争优势来制造利润增长，它还会从研发创新方面来寻求改善与精进，主动创造利润。

1999 年，花王推出了"益品年食用油"，这种油能防止脂肪在体内堆积。自此之后，公司加强了在保健业务这一新生领域的研究。2003 年 4 月，花王上市的洗衣粉中设计了"洁霸（Attack）Hyohakuzai-In"漂白剂成分——消费者使用时只需很少的用量，并且这种洗衣粉能够快速溶解。而这款洗衣粉售价确定为 398 日元，和其他洗衣粉品牌相比，其价格足足高出 50～100 日元。虽然售价比同类产品高出很多，但由于这些产品满足了顾客的新需求，所以这些产品反而具有更强的竞争力，为企业带来了极高的利润。从这个角度来说，花王集团每年"通过顾客顾问中心收集 12 万名顾客的意见"的行动，也是非常具有价值的。

总体而言，花王集团上下非常富于改善意识，并善于从多个角度对精益改善加以考虑。这种意识与行为的存在，使得花王在通货紧缩和通货膨胀交替的艰难时势中，仍然能够保持极为稳定的利润增长。

理念 3　　从小做起，多角度寻求精益

花王日化在精益改善中一直追求多角度改善。在成本控制方面，他们从产品研发、生产、销售和物流等多个环节着手控制；在利润提升方面，他们则集中全力去开发新产品，以超出同类产品的价格出售，从而获得更高额的利润。而为了更好地支持成本控制和利润增长的目标实现，他们积极地调整生产线，以改善多功能的基础设施。这种多角度寻找改善点的意识，支持着花王日化持续推进精益

活动，并借此保持了连续30余年利润持续增长的状态。

企业的改善永无止境，精益管理的道路也没有捷径，企业能够做的就是一点一点地进步，并努力探求精益点。花王日化致力于全方位改善，并取得了不俗的成绩。实施精益管理的企业也应该借鉴其做法，从更多角度进行精益改善。

一些管理者非常关注某些局部的管理，正如制造部员工致力于尽量提高机器的生产效率一样。但是，由于受到时间和反馈的驱动，局部生产力的优化有时会削弱整个制造流程。此时，不让机器满负荷运作反而是一种合理的管理模式。

在实际工作中，管理者们会发现：似乎每一个环节的负责人员都在尽自己最大的努力工作，但是整个系统产出效果却仍然处于下降的状态。为什么会出现这种状况呢？这就是局部优化而导致的顾此失彼。曾经被管理者视为正确合理的局部优化决策，实际上却是一种"孤岛思维"。

事实上，在一些小型产品开发团体中，管理者们往往没有太多的时间或资金进行毫无意义的工作或浪费。但是，在一些大型企业中，局部优化便会演变为一种形式上的浪费。当管理者实施精益管理时，很容易认为：处理局部优化是十分必要的。

在第4章我们在讨论成本问题时，单方面削减成本而忽视质量的情况就是典型的局部优化思维。

比如，为应对节省成本的压力，某企业的设备管理层认为"保护车间和办公室的墙壁整洁、不受损是非常重要的"。为此，他们停止了一项精益化实践——可视化管理（通常是要在墙上悬挂东西），并向员工们发送了一封邮件："个人工作隔间可以个性化。但是，明显超越隔间高度或破坏办公环境和谐的东西是禁止使用的。"最后，该企业的设备管理人员成功地保证了墙壁的整洁，而这却是以牺牲产品开发团队的创新和协作为代价的。

其实，精益思想的重点是实现整体优化。这也是为什么丰田公司在实施"一个流"的过程中，明明库存是应该极力削减的，而为了整体的生产均衡却必须保有一定的库存量。所以，管理者切忌将精益管理局限于某一个环节或某一个点，而是要从全方位进行精益改善。

在前面讨论价值流时，我们提到，生产中有的环节是不能产生价值的活动，但是是实现价值创造所必需的，因此，也要保留下来。而不产生价值又没有辅助作用的环节和动作等则成为"浪费"，必须尽力消除。因此，我们的精益改善其实就可以围绕这三个角度开展：优化直接进行和辅助进行价值创造的活动，削减不产生价值的浪费。至于改善的要素，则可以参照第4章提到的效率、质量、成本和革新四个。

> **辅助阅读**

3 种企业过程

美国精益航空进取计划 LAI 大大地推动了精益原则在企业的应用范围。LAI 定义了 3 种企业过程：

生命周期过程

这个过程包括从产品创意，到设计、开发、生产到交付和运行支持的整个产品全生命周期过程，比如项目跟踪和管理、需求定义、产品和工艺开发、供应链管理、生产、分销和支持等皆属于这一范畴。可以说，这是为客户直接创造产品、系统和服务的价值流活动。这些活动与传统精益思想所关注的管理过程是保持一致的。按精益观点，对产品生命周期起作用的所有过程都必须予以优化。而大多数传统模式所采取的优化活动大多是针对局部或自身作业的优化。

基础保证过程

基础保证过程主要包括财务管理、信息技术、人力资源、质量保证、生产能力和维护以及环境、健康和安全等，是对生命周期过程和企业领导过程的支持过程。由于这些过程无法直接创造价值，所以对它们的改进活动往往被人们所忽视。但是在精益企业中，这些过程必须予以再造，以保证其发挥支持其他管理过程的作用。

企业领导过程

这个过程是管理者指导企业活动的过程，包括战略计划、业务模型、业务增长管理、战略伙伴关系、组织结构和集成以及企业再造等。这些过程往往跨越企业或部门。在为客户或相关参与者创造价值的过程中，企业管理者需要提供各方所需要的指导，并协助其扫清在整个生命周期过程内的障碍，指导基础保证过程改进对其他企业的影响。

在精益环境中，这三个过程必须采用与传统大量生产方式完全不同的方式来运作。在传统精益思想中，后两种企业过程并没有被给予足够的重视。而新的精益实践则从全方位实现过程精益，而不仅仅局限于产品或项目的生命周期。

以神龙汽车为例，该企业曾将 2009 年确定为"精益管理年"，总经理亲自挂帅指导，成立精益管理推进小组，全面推进公司各领域精益管理工作，并将精益管理思想导入营销领域中。通过近一年时间的推进，东风雪铁龙在全国15家网点建立了全方位的精益管理体系，并建立了网点巡视和区域营销等标准化作业指导书。经过这些努力工作，企业统计数据显示出全方位精益管理所取得的惊人效果：月销量平均增长133%，销售满意度平均增长11.3%，店面环境布置满意度平均增长22.2%，网点试乘试驾满意度平均增长10.4%……

而在生产领域，神龙汽车更是积极地在生产现场开展精益改善活动，通过应用标准化、价值流分析、可视化管理等精益工具，使劳动生产率大幅提高，生产现场运作效率得到了极大优化，质量水平和产量也在不断提升。同时，神龙汽车还启动了多个精益改善项目，仅"供应商质量问题处理"和"客户问题快速反应机制"这两个精益改善项目便使53家风险供应商的缺陷数较上一年度下降了80%，而售后问题的处理时间则足足缩短了8%。

可见，只有用大集成的企业观才能使精益真正产生巨大的效果，防止局部优化的顾此失彼。要想实现全方位的精益管理，企业必须保证精益集成覆盖到产品整个生命周期各阶段的集成、价值链上企业间的集成、企业内部人和组织的集成以及技术集成等多个方面，缺一不可。

第2节 循环改善

我们反复强调，精益的另一个重要本质就是不断改善、持续改善。精益管理不是一次性的，它强调循序渐进的改善，也强调对同一对象的循环改善。

在提及精益生产时，丰田公司习惯于强调"持续优化"。丰田公司前董事长张富士夫说过：丰田生产方式的灵魂就是持续优化，它的本质是从工程师、经理到员工的通力合作，关注变化，使生产过程更平稳。因此，永远不存在"精益的"状态，所有企业都是通过不断消除浪费来获得进一步的精益价值。

我们系统地了解了精益生产方式和精益管理的基本思想，也了解了许多精益管理的工具，并在推行精益的过程中取得了一定的成果。但是，这些成果可能并不会持久地发挥作用，因为新的问题总会出现，现有的成果也很可能成为下一步精益的阻碍。这就要求，作为精益管理的实践者，企业必须具备循环改善的意识，而不是故步自封，或者志得意满。

最常见的具有循环特性的精益工具当属PDCA环，它作为一种改善工具，很好地体现了精益的循环改善、螺旋上升的基本发展原则。而在PDCA环中，最基本的前提就是对问题的把握和分析。因此，我们又有必要学习问题的分析方法，以此为改善打下基础。

事实上，循环改善是一个不断建立精益标准又不断打破精益标准的过程。精益化的效用就在不断地问题发现与解决中得到发挥。

案例 1　　丰田的循环改善

松下电器质量控制中心总监伊藤让，在解释质量控制小组缘何能不断地取得越来越好的成绩时这样说道：

我曾参与过一项有趣的质量控制活动，那是关于电视机厂焊接工人的故事。一般来说，工人要在每个加工件上焊接 10 个点，每天焊接 400 件，这样，一天共焊接 4 000 个点。如果他一个月工作 20 天，那就是每月完成 80 000 个焊点。一台电视机大约有 1 000 个焊点。当然，今天的大多数焊接工作都是自动完成的，工人要维持非常低的残次率，每 500 000～1 000 000 个焊接点中发生的错误不多于 1 个。参观电视机厂的人们常常十分惊讶地发现工人在做这么单调的工作时，能够不犯任何错误。让我们想想人类所做的其他的枯燥事情吧，比如说走路。我们实际上一生都在走路，一遍遍重复相同的动作。这是极端单调的动作，但却有人（如奥运选手）专注于比其他人走得都快，这与我们在工厂实施改善具有相似之处。

有些工作可能非常单调，但如果我们能赋予工作一种使命感，朝着目标去做，就可以在一项单调的工作中保持兴趣。

丰田公司能够变成现在这般知名的、精益的企业，花费了一个世纪的时间。丰田公司有一项重要原则：通过不断反省与持续改进，变成一个学习型组织。因此，丰田走的是一条长期的、持续的改进道路。这也说明，精益改善的道路漫长而崎岖，企业必须不断突破自我，不断改善。

丰田生产方式本书融入了 PDCA（计划——执行——检查——行动）的改善循环。丰田利用这一工具辅助创造一个流的过程如图 6—1 所示。

图 6—1　丰田的"一个流"与 PDCA

在这个改善过程中，PDCA 循环是发现浪费、消除浪费，完善一个流的有力武器。

事实上，丰田的 PDCA 应用到很多流程中。在丰田技术中心，每位员工每年都会参加 3 次会议以检查各种方针目标的进展情况。PDCA 中的检查与行动是将计划目标转化为有效行动的重要环节。

理念 1　建立循环改善系统

不断改善是精益管理的一个本质，但是，正如伊藤让所说，反复与坚持并不是一件容易的事。PDCA 是循环改善的基本工具，建立 PDCA 循环系统是推行精益管理的过程中的重要举措。

PDCA 是由戴明博士最早提出的，故又被称为"戴明环"。PDCA 循环具体指，plan—计划、do—执行、check—检查、action—行动的循环往复，它是从事持续改进所应遵行的良性循环步骤。它的起点是分析当前形势，收集数据，为改进制订计划。而计划一经确定后，便开始着手实施。此后，还要检查实施过程，看是否实现了预期改进。当试验成功后，还要进行最后一步行动，将方法论标准化，以确保不断地实践新引进的方法，从而带来可持续的改进。

PDCA 循环可以使任何一项活动都能够有效地进行，是一种合乎逻辑的工作程序。PDCA 有下面几个用途：

（1）改善单一的工作内容或过程；

（2）巩固改善的成果；

（3）为企业带来持续不断改善。

PDCA 演示图如图 6—2 所示。

PDCA的四个阶段　　　　PDCA的八大步骤

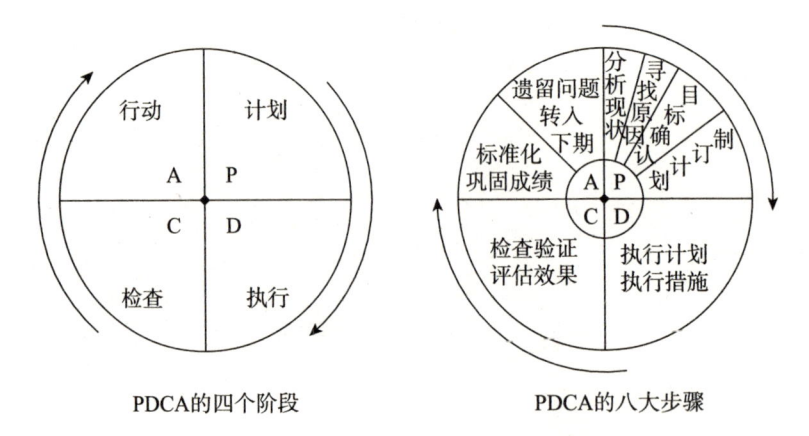

图 6—2　PDCA 循环

PDCA 的应用分为 4 个阶段，8 个步骤，如表 6—1 所示。

表 6—1　　　　　　　　　　　　PDCA 循环八步骤

阶段	步骤	说明
P 阶段	分析现状，找出题目	夸大的是对现状的把握和发现题目的意识、能力，发现题目是解决题目的第一步，是分析题目的条件。
	分析产生题目的原因	找准题目后分析产生题目的原因至关重要，运用头脑风暴法等多种集思广益的科学方法，把导致题目产生的所有原因统统找出来。
	目标确认	区分主因和次因是最有效实现目标的关键。
	拟定措施、制订计划	通过（5W1H）法，即：为什么制定该措施（Why）？达到什么目标（What）？在何处执行（Where）？由谁负责完成（Who）？什么时间完成（when）？如何完成（How）措施和计划是执行力的基础，尽可能使其具有可操性。
D 阶段	执行措施、执行计划	高效的执行力是组织完成目标的重要一环。
C 阶段	检查验证、评估效果	"下属只做你检查的工作，不做你希望的工作。"IBM 的前 CEO 郭士纳的这句话将检查验证、评估效果的重要性一语道破。
A 阶段	标准化，固定成绩	标准化是维持企业治理现状不下滑，积累、沉淀经验的最好方法，也是企业治理水平不断提升的基础。可以这样说，标准化是企业治理系统的动力，没有标准化，企业就不会进步，甚至下滑。
	处理遗留题目	所有题目不可能在一个 PDCA 循环中全部解决，遗留的题目会自动转进下一个 PDCA 循环，如此，周而复始，螺旋上升。

在改善活动中，PDCA 循环是我们发现问题、处理问题的一件有力武器。更让人欣喜的是，这种方法几乎适用于所有工作。PDCA 循环不停地运转，原有的工作问题解决了，又会产生新的问题，问题不断产生又不断解决，如此循环不止，这就是工作不断改善的过程。

辅助阅读

标准化维持

与 PDCA 相比，SDCA 循环的知名度要低很多，但事实上其作用并不逊于 PDCA。SDCA 也是四个英文单词的首字母缩写，其含义如下：

S（standard）：标准，即企业为提高产品质量编制的各种质量体系文件。

D（do）：执行，即执行质量体系文件。

C（check）：检查，即对质量体系的内容进行审核和各种检查。

A（action）：总结，即通过对质量体系的评审，做出相应处置。

SDCA 的第一个步骤是标准化。企业日常管理所用到的规章制度、流程、操作规范都可以称为"标准"。前文我们提到，标准化是规范员工作业行为、提高作业效率的有效手段。在此处，我们进一步强调标准化在精益改善中的作用。

"标准化"主要是指制定标准并通过训练、指导等手段让标准使用者切实掌握标准的过程。在形成标准之后，就是去执行这些标准，然后检查执行的效果，最后根据检查的结果采取相应的行动。此类行动主要包括：当发现标准不合理时重新修订标准，当发现标准执行不到位时，则采取处罚、教育、培训等手段使标准执行者能够按照标准来执行。

事实上，SDCA 是对 PDCA 的进一步完善。如果能够将二者联合使用，那么将发挥出更大的效果。首先，管理者可采用 PDCA 循环对问题进行改进，然后采用 SDCA 方法将精益改善的成果予以标准化，使问题不至于反弹。当精益改善成果在一段时间内得以稳定后，再次采用 PDCA 循环进行改进，然后继续采用 SDCA 来固化。如此循环往复，企业的绩效水平就会稳步提高。

案例 2　　　　　　　　　找到问题根源

A 生产部门负责生产一种热门新产品。这一产品包括一个带有软垫的组件（在缝纫与装饰工序中进行子装配，该工序与总装配线相连，并且每次按顺序供应一个组件）。该装配线按节拍时间运行，人们一丝不苟地记录下造成其生产线不能实现每小时生产目标的干扰因素。然而，人们只是做记录，却从来没有采取过行动。

所以，在很长一段时间里，该车间的总装配线经常会因软垫表面的皱褶问题而出现中断现象。一旦出现问题，产品就要被转移到返修区进行拆解，带有软垫的组件被送回供料工序进行分解并重新加工，然后再重新装配这一产品。这便导致交期严重延误，总装配流程无法按时完成生产目标。同时，这种简单的变通方法还造成了一些不必要的加班。

这种解决问题的方式不过只能解一时之急，但却不能彻底消除问题，使得工作成效大打折扣。可以说，这样的改善是失败的。对比之下，有一位员工对这一问题提出了彻底改善措施。

首先，这位员工开始对总装配线每小时追踪图表和总装配线返修区的工作日志进行分析。他发现，软垫表面皱褶问题不仅是部件被送到返修区的重要原因，也是导致总装配线不能完成每小时生产目标的最主要原因。根据进一步的调查，皱褶是造成产品不合格的最常见因素。

随后，他继续跟进。他发现软垫生产区域的标准作业需要应用正确的运作流程，但是并未以具体、详细的方式表示出来。他还发现，除生产量方面以外，软垫生产的流程很少被加以监控。

进一步调查显示，不合格品的主要原因有以下几种：软垫产生褶皱或者是因为固定用的扣件数量不足，或者是因为扣件分布的间距不均匀，或者是因为扣件的使用顺序不正确，或者三者情况兼而有之。并且，两种类型软垫外套的褶皱不一样，这就要求对于两种不同类别的材料，采用不同数量和间距的扣件。接下来，他对造成部件不合格的主要原因进行分析，并向负责人提出了彻底解决问题的新方案。

自此，软垫褶皱问题基本上从总装配区域消失了。与此同时，加班也不再是该部门里的一种常见现象。而随着软垫生产流程的改善，生产计划外的加班时间也在不断缩短。

这并不是一个引人注目的案例，但它反映了一个重要思想：彻底改善。

俗语说得好，"杀鱼杀到鳍，做事做透枝"，意思是说，凡事要做就要做得彻底，不要只是混混皮毛而已。精益化管理必须注重培养"凡事彻底"的精神。

失踪的看板

大野耐一有句名言非常耐人寻味："一直找，直到找到为止。"

在丰田某工厂，曾经频繁发生丢失看板的事情，当时丰田的企业顾问林南八先生不知该如何是好，于是决定通过增加看板数量来解决这个问题。这样一来，在某些时候势必会出现多余的库存。听说这个解决方法后，大野耐一非常愤怒，他命令林南八"找回丢失的看板"。可是，林南八找了一个多小时也没有找到一块看板。林南八向大野耐一如实地作了汇报。大野耐一大声命令他："只找了一个小时就说'找不到'，再去找！"于是，林南八又去四处寻找，但仍然没有找到。大野耐一问："你知道为什么找不到吗？"林南八不知如何作答。此时，大野耐一说："很简单！只是因为你没有一直找，直到找到为止！"

不肯服输的林南八又去寻找了一番，终于找到了丢失的看板。原来丢失的看板被油粘在了几个零件箱的底部。此后，林南八进行了看板管理改善，看板再也没有丢失过。

增加看板数量只不过是权宜之计，不管增加多少，还是会丢失。查明真正原因，采取了防止被油粘上的改善措施后，才可以说是彻底地解决了问题。

解决问题需要一种执著的精神。如果丢失了看板就以"没办法"为借口而了事的话，问题就不会得到彻底解决。林南八正是因为听从了大野耐一"去找，直到找到为止"的指示，他才得以查明事情的真相，问题才得以彻底解决。

理念 2　　　　　彻底解决问题

在 PDCA 的过程中，一个很关键的环节就是对问题的分析与解决。

很多人在解决具体问题时，往往抱着"有火灾，就先灭火"的心态，而无意于探寻问题根源，故而往往不会采取更有效的方法来进行根治或预防。因为在当今这个快速发展的时代，人们往往被要求快速解决问题，以实现既定的工作计划。此时，人们往往会以此为借口，尝试采用各种变通的方法来快速完成改善计划。

诚然，变通之法总是看起来异常迅速而又简单，但由于其大多并未探查到问题的根源所在，所以往往并不能从根本上解决问题；而且，变通的结果极易使人们放松对问题严重性的认识，自欺欺人地认为"问题已经得到解决"。因此，问题常被积累下来，反复发生，人们不得不反复处理同一问题。

循环改善有一个关键，找出问题的根本原因并解决问题。这里的问题不同于第 4 章品质保证里的让问题暴露出来，而是更加强调对问题寻根究底，找到最终原因，并作出解决方案。因此，精益化要求我们必须回归问题的本质，彻底消除问题。

辅助阅读

亚伯拉罕·沃尔德与战斗机防弹设计

在执行中，寻找解决问题的"缺口"，首先要确定这是什么类型的问题、需要多长时间来解决、借助现有的人员和资源是否能够解决；其次，使用反证法，从可解决的角度来探索方法；再次，找到解决问题过程中遇到的主要障碍，分析其发生原因；最后，针对造成障碍的原因，来选择解决问题的最佳对策。

我们可以通过数学家亚伯拉罕·沃尔德的故事，来了解如何找到解决问题的办法。

第二次世界大战时，美军运输机队在飞越驼峰航线支援中国抗战时，常常遭到日军战斗机的偷袭。C—47运输机只有一层铝皮，日军的零式战斗机在后面紧追，一通机枪扫射，飞机上就是一串透明窟窿，有时子弹甚至能穿透飞行座椅，夺去飞行员的生命。一些美军飞行员在座椅背后焊上一块钢板，用钢板来防弹，在日本飞机的火舌下抢回了自己的性命。

但是，装上钢板的飞机又存在这样的问题：自重增加会使得飞行速度、航程、载弹量都受到影响，同时造成飞行失衡，威胁飞行员的生命安全。诺曼底登陆战中，美军第101空降师副师长唐·普拉特准将乘坐滑翔机实施空降作战。起飞前，有些人自作聪明，在其座位上安装了厚厚的防弹钢板。但由于滑翔机自身没有动力，与牵引的运输机脱钩后，必须保持平衡滑翔降落，而沉重的钢板让滑翔机头重脚轻，一头扎向地面，普拉特准将因此摔断了脖子，成为美军在当天阵亡的唯一将领。

针对这一情况，美国空军找到了数学家亚伯拉罕·沃尔德寻求帮助。沃尔德决定分四步，彻底找出改善对策。

第一步：确认问题。

每天都有成千架轰炸机执行任务，返回时常常损失惨重。如果要降低损失，就要在飞机上焊防弹钢板；但如果整个飞机都焊上钢板，那么飞行速度、航程、载弹量、飞行平衡都会受到影响，同样可能威胁飞行员的生命。

第二步：作出假设。

沃尔德认为可以为飞机安上防弹钢板，在不影响战斗飞行的情况下，保证飞行员的生命安全。他的方法很简单：由地勤技师将飞机上弹洞的位置统计出来，然后自己铺开一张大白纸，画出飞机的轮廓，再在上面补上弹洞位置。

第三步：找出原因。

绘制完毕后大家一看，飞机浑身上下都是窟窿，只有飞行员座舱和尾翼两个地方几乎是空白。沃尔德认为，从数学家的眼光来看，这张图明显不符合概率分布的规律，明显违反规律的地方往往就是问题的关键。原因很简单：如果座舱中弹，那么飞行员会丧命；如果尾翼中弹，飞机会因失去平衡而坠落——只要这两处中弹，那么轰炸机多半无法返回。这也解释了这部分的统计数据一片空白的原因。

第四步：找出对策。

沃尔德提出了一个很简单的对策：只需要给飞机座舱、尾翼这两个部位焊上钢板就行了。这项解决问题的对策挽救了数以万计的飞行员的生命，确保了飞机安全返航。

由此可以看到，问题是可以得到彻底解决的。人们应该做的是：思考出一个彻底解决问题的对策，从实践中提炼出规律，用科学的方法完成任何一项任务，而不是随意性地选择替代性的变通方案。

案例3　　　　　　　　丰田的5WHY分析法

在问题分析管理中，5WHY分析法是一种极为常用的分析法。这种方法最初是由丰田佐吉提出的，后来，丰田汽车公司在发展完善其制造方法学的过程之中也采用了这一方法。

大野耐一总是习惯于在车间走来走去，停下来向员工发问。他反复地就一个问题，问"为什么"，直到回答令他满意，找到问题的真正源头为止。在丰田公司内部有这样一个关于使用5WHY分析法解决问题的例子，如表6—2所示。

表6—2　　　　　　　　以5WHY分析法探查原因

问题层次	原因分析	不同层次的解决对策
——	工厂地板上有漏油	清除地板上的漏油
为什么？	因为机器漏油	修理机器
为什么？	因为机器的衬垫磨损	更换机器衬垫
为什么？	因为机器衬垫质量不佳	更换衬垫规格
为什么？	因为衬垫价格比较便宜	改变采购政策
为什么？	因为企业以节省短期成本作为采购部的绩效评估标准	改变企业对采购部的绩效评估与报酬奖励制度

从表6—2中，我们会发现，需要解决的核心问题是现场出现漏油，每一个"为什么"都会引领我们深入问题根源。而每个为什么对应的对策完全不同，这完全是视挖掘的深入程度而定。例如，清除漏油只是在出现更多漏油之前的临时性解决措施；修理机器是一种稍显长远的解决措施，但是，机器的衬垫会再度发生磨损，导致更多油出现渗漏；如果更换衬垫的规格，则可以解决衬垫的问题，不过，仍然有更为深层的原因尚未排除。采购部之所以以低价采购质量较差的零件是起因于企业的绩效评估标准。因此，唯有改变这种奖励制度才能有效防止更多类似问题的发生。

大野耐一的这种方法逐渐成了丰田人的工作习惯，并逐渐成为一种著名的现场诊断技术，即"5WHY分析法"。

美国杰弗里·莱克曾在访问丰田技术中心前副总裁冈本雄一时请教丰田公司产品发展制度的成功秘诀。冈本雄一回答："我们的技巧就是严格执行5WHY分析法，就是问5次为什么。"

很多人听了这个回答之后，都感到非常惊讶，然而这却是一个不容置疑的事实——正是基于丰田人对5WHY分析法的理解，对问题的深入探究和思考，使得丰田公司能够达到行业领先的高品质水平。

第 6 章　如何维持精益

理念 3 　　　　　深入探索问题原因

问题的彻底解决并不是一件简单的事。事实上，人们之所以经常犯"治标不治本"的错误，是因为并没有找到问题的真正原因。而且，这个过程并不是一个轻松的过程。但是，5WHY 分析法为企业提供了一种找到问题原因的有效方法。

根据这种方法的操作过程和原理，人们绘制了一种形象的 5WHY 模型，如图 6—3 所示。

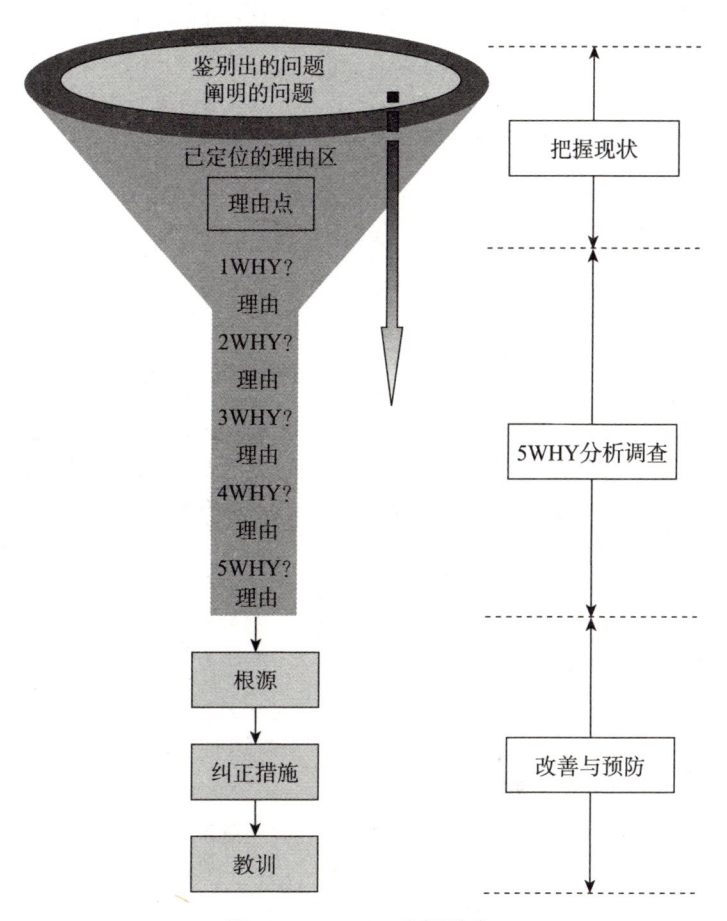

图 6—3　5WHY 分析漏斗

从图 6—3 中可见，5WHY 分析法的操作可以分为 3 个部分、8 个步骤。表 6—3 中展示了每个步骤中所对应的不同分析任务和在执行过程中用以自问的一些问题，以助于人们更方便地应用分析法，获得更真实准确的结果。

表 6—3　　　　　　　　　　　5WHY 分析过程

部分	步骤	说明	问题
第一部分：把握现状	步骤1：识别问题	开始了解一个较大、模糊或复杂的问题。	问： • 我现在知道什么？
	步骤2：澄清问题	弄清当前的实际状况。	问： • 原本应该发生什么事情？ • 实际发生了什么事情？
	步骤3：分解问题	如果必要，可将问题分解为独立元素。	问： • 关于这个问题我还知道什么？ • 还有其他小问题存在吗？
	步骤4：查找原因要点	焦点集中在查找问题原因的实际要点上，需要追溯来了解第一手的原因要点。	问： • 我需要去何处调查取证？ • 我需要关注哪些问题？ • 谁可能掌握着有关信息？
	步骤5：把握问题的倾向	要把握问题未来发展的倾向性。	问： • 谁来主导？哪个方向？什么时间？ • 会发生多少频次？影响力大小？
第二部分：原因调查	步骤6：识别并确认异常现象的直接原因	依据事实确认直接原因。如原因可见，应加以验证；如原因不可见，则考虑潜在原因并核实。	问： • 这个问题为什么发生？ • 我能看见问题的直接原因吗？ • 如果不能，我怀疑什么是潜在原因呢？ • 我怎么核实最可能的潜在原因呢？ • 我怎么确认直接原因？
	步骤7：使用5WHY	使用 5WHY 调查方法，来建立一个通向根本原因的原因/效果关系链。	问： • 处理直接原因会防止再发生吗？ • 如果不能，能发现下一级原因吗？ • 怎样才能核实和确认下一级原因？ • 处理这一级原因会防止再发生吗？ 如果不能，则继续问"为什么"，直至找到根本原因。
第三部分：改善与预防	步骤8：采取明确的措施来处理问题	使用临时措施来去除异常现象直到根本原因能够被处理掉。	问： • 临时措施会遏止问题，直到永久解决措施被实施吗？
		实施纠正措施来处理根本原因以防止再发生。	问： • 纠正措施会防止问题发生吗？
		跟踪并核实结果。	问： • 解决方案有效吗？ • 我如何确认？

在问题解决过程中，我们可以将上表中右侧问题制作成一个问题清单，遵照这些问题来操作，以防遗漏，从而更深入地探知问题根源所在。

> **辅助阅读**
>
> ### 5WHY分析法应用案例
>
> 在工作中，熟练使用5WHY分析法是很重要的。下面，我们通过以下实例来说明如何应用5WHY分析法。这个实例发生的背景如下：
>
> 一位顾客要求Q公司在原始零部件W1作出工程上的完善，成为零部件W2。随后，公司开始为顾客运送零部件W2。然而，该顾客却在装配时发现存在质量问题，W2的物理特性在顾客的组装厂里失效。
>
> Q公司工作人员检查后认为，根源在于供应商的材料和生产熔炉之间相互作用造成了缺陷。此时，若改变材料，那么公司将付出一笔不小的费用。于是，工作人员提出："通过加速熔炉的生产进度，来解决这个问题。"但是，顾客对这个解释和处理结果并不满意。
>
> 现在，工作人员开始进行5WHY分析，重新探查W2失效的根源。
>
> 我们来看第一次5WHY分析，如图6—4所示。
>
> 图6—4　第一次5WHY分析
>
> 这次分析得出的结果是熔炉的预防性保护不足，但是，顾客对这个结果并不满意。他们提出了质疑：为什么问题永远不会发生在零部件W1上。
>
> 工作人员再次5WHY分析，得出：测量特点在物理和技术上受到的限制。但是，顾客仍然不满意……顾客想要知道为什么问题没有早一点被发现，为什么系统不能预防问题的发生。

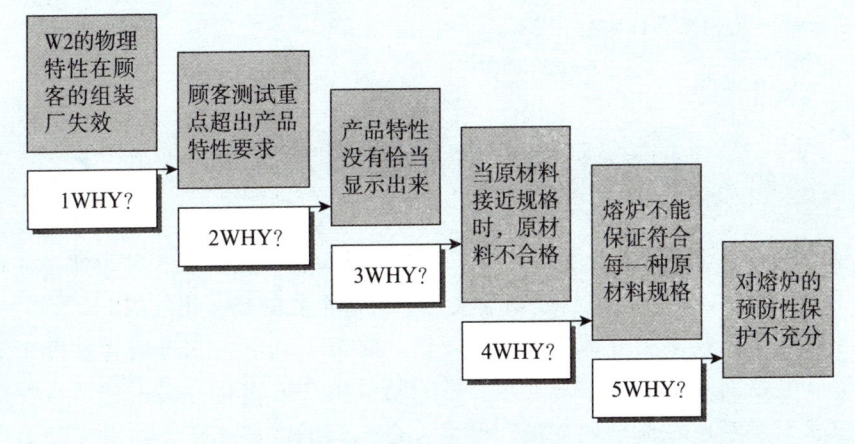

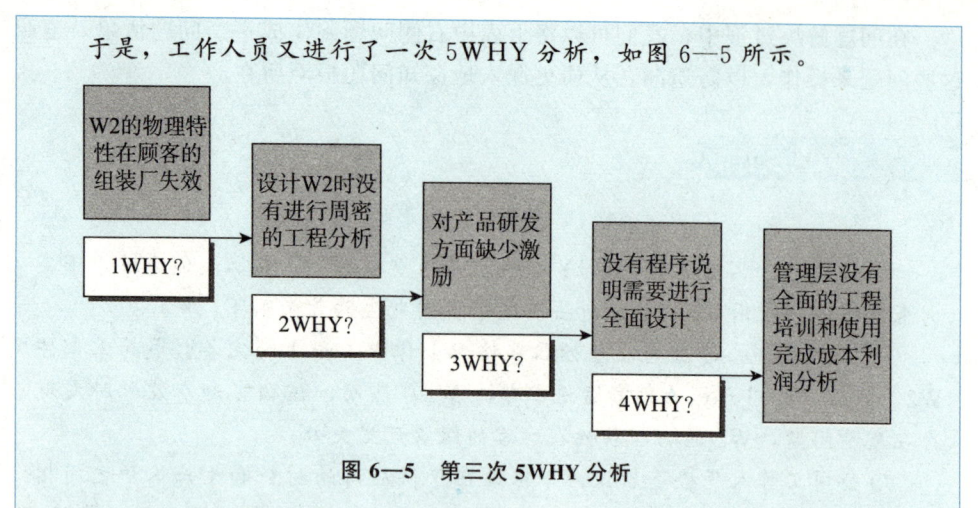

于是，工作人员又进行了一次5WHY分析，如图6—5所示。

```
[W2的物理特性在顾客的组装厂失效] →1WHY?→ [设计W2时没有进行周密的工程分析] →2WHY?→ [对产品研发方面缺少激励] →3WHY?→ [没有程序说明需要进行全面设计] →4WHY?→ [管理层没有全面的工程培训和使用完成成本利润分析]
```

图6—5 第三次5WHY分析

对于这一次分析结果，顾客非常满意，Q公司自此正式开始处理W2问题。

而从这个分析过程中，我们除了看到5WHY分析法的一般过程外，我们还会发现，并不是运用一次5WHY分析即可确保一举解决问题，对分析结果准确性的判断也是至为重要的。如果我们认为分析结果不正确，那么就有必要进行新一轮的5WHY分析。

第3节 让精益成为习惯

精益思想应该渗透到日常行为中。努力让员工把精益当成一种习惯，让精益维持下去。为此，企业应该构建精益文化，营造企业的精益化氛围。

不可否认，很多企业都有跟风的习惯。昨天杰克·韦尔奇的管理理念深入人心，于是所有企业开始学习通用；今天精益生产方式盛行，引进精益管理的企业又大行其道。在激烈的市场环境下，企业似乎略显迷茫，面对多种多样的管理工具而不知如何选择，跟风成为"最不容易出错"的方式。毕竟，大家都在学习的，肯定是好的。然而，跟风也决定了企业无法将某种管理理念或工具透彻地应用，因此，虽然引进了先进的管理模式，仍然可能只得到差强人意的效果。

精益管理的推行同样如此。在精益化活动似乎成为企业的调剂品的时候，精益思想远远发挥不了它的功效。事实上，任何一种管理理念、工具、方式，都应该秉持坚持不懈的应用原则。为此,企业有必要将精益化变成一种常态的管理,让其发挥潜移默化的作用。

案例 1　　3U 备忘录

无论企业规模、行业地位如何,都应该将自身的姿态放低,对精益管理模式抱以积极的心态,比如自我反省工作中的问题,随时记录下那些那些问题,并随笔附上自己的想法。

在丰田,人们认为"问题即是机会":发现一些行为失误时,并不对员工个人予以责罚,而是要求其采取改正行动,并在企业内广泛交流经验。这种方法使得丰田人自然而然地去发现并记录工作中的问题,并主动提出解决方案。

这与很多国内企业"动辄罚款"的做法是截然不同的。因为绝大部分问题是由于制度流程本身造成的,惩罚员工个人只会使之遇到问题时千方百计进行掩盖,这对解决问题无疑是毫无助益的。而如果人们并未发自内心地去自我反省,发现这些不足,或解决问题,那么势必给精益管理带来诸多障碍。

在精益模式中,有一个3U备忘录,是一种随时记录问题的有效工具。3U-MEMO 的具体内容包括以下3个方面。

(1) 不合理的现象(unreasonableness)。如一些需要密封保存的产品在包装之后送到仓库,而仓库管理人员为了检查成品的类别和数量又将包装打开,检查之后再次包装,这无疑造成了工时、包装原料的浪费。

(2) 不均匀的地方(unevenness)。如在整个工作流程中,某个环节的员工很忙碌,而有的人员却很清闲;有些设备的使用很频繁,有些却长期处于闲置状态,造成了生产能力的浪费。

(3) 不节省的环节(uselessness)。比如,为了显得工作很规范,人们将工作流程特别分成三个环节,而实际上,设为两个环节可以更快速、更有效地完成,这就说明存在浪费的环节。

3U-MEMO 格式不固定,管理人员可以根据个人习惯制定。但是其形式一定要有利于发现浪费现象、有利于记录浪费现象、有利于解决浪费问题。一般格式如表6—4所示。

表 6—4　　　　　　　　　3U-MEMO 的表格形式

编号：	部门：	工序：
发现问题日期：		发现问题人员姓名：
发现问题地点：		问题类型： □不合理　□不均匀　□不节省
问题描述：		
现场图：		
改善要点：		

员工可以借助 3U-MEMO，来发现并记录现场中的问题。待想解决问题时，即可依据记录来分析具体情况，为解决问题做好资料储备。通常情况下，企业在长期开展 3U-MEMO 记录工作后，随着发现浪费现象的增加，备忘录的数量会逐渐增加，改善经验也会慢慢积累。发现浪费、改善浪费现状的能力也会大大提高。

理念 1　　养成随时记录问题的习惯

在精益管理过程中，我们经常会遇到这样的情况：想解决刚刚发现的问题，却不能清楚地记起问题的详细情况。这是因为我们缺乏必要的记录和归纳，导致问题或问题的细节被遗忘。例如，一名车间管理人员发现了一个浪费问题，但由于要处理的事情很多，随后便遗忘了，这对精益化管理而言是一种极大的智慧资源浪费。

很多企业都会为员工发放记事本或备忘录，其目的就是便于员工在工作中随时记录遇到的问题、自己的新想法或设定的工作计划等。养成随时记录问题的习惯，对精益改善的推行很有帮助。

不过，我们也需要注意：在使用备忘录一段时间后，很多人很容易陷入心理疲惫，备忘录被束之高阁，或者仅是勉强记录而疏于改善。所以，我们要谨记以下两点。

（1）持之以恒地记录，才会汇总更多的精益改善点。

如果我们每天都去现场，每天产生新的发现，每天做好 3U-MEMO，毋庸置疑，长期坚持下来最终将观察到大量改善点，而这些改善点就意味着精益化的成果。

（2）备忘录只是记录短时发现，而不代表已经改善。

虽然备忘录上记录了问题点、我们对问题根源的分析和改善策略，但它仅仅是一种观察和短暂思考，不能确认它是否能够成行，更不会因它而带来明显的改善。

所以，随时记录的价值并不仅仅是备忘，它的更深层价值在于其有助于工作人员主动进行自我反省，从现状中发现问题和不足，进而寻求改善措施。因此，在使用 3U-MEMO 过程中切莫忘记：记录之后更重要的是验证思路的可行性，去协调资源进行有效的改善。

辅助阅读

每日备忘录

怀特是 IBM 公司的一名秘书。在工作中，他的表现作非常出色，每件事都考虑得非常细致，并安排得井井有条。为此，他得到了公司领导的多次表扬。

怀特将这些成绩归功于他长期使用的一个工具——每日备忘录。在这个备忘录里，怀特记录了自己每天要处理的常规事务和突发事务，例如领导临时交代的事情。

每天早上，怀特首先会确认前一天的备忘录上有哪些事未完成，并把未完成的事项重新记录在当天的备忘录中。然后，分析今天有哪些需要处理的事情，并把自己所能想到的事一一记录在相应的备忘录里，例如 5 号要参加某个会议，他就会把参加会议的重要资料放入"5"号纸夹里，并注明会议的地点、时间、与会人员和会议内容等。这样，即使怀特因为某些原因忘记开会或一时找不到资料，也不用担心，只要他每天早上记得查看"每日备忘录"，就能想起这些事情了。

"每日备忘录"成为怀特的一个得力助手。任何时候，他所需要的信息、文件和资料都可以很容易地被找到。

案例 2　　　　　日本电装的 TPM 落实

日本电装公司是提供汽车前沿技术、系统以及部件的顶级全球供应商之一。它在环境保护、发动机管理、车身电子产品、驾驶控制与安全、信息和通信等领域，都被视为"全球主要整车生产商可信赖的合作伙伴"。

日本电装一直致力于为客户提供多样化的产品及其售后服务，包括：电子自动化和电子控制产品、汽车空调设备和供热系统、火花塞、组合仪表、燃油管理系统、散热器、过滤器、产业机器人、电信产品以及信息处理设备等。目前，电装共有 21 种产品在世界上排名第一。

20 世纪中叶，日本电装公司开始推行针对设备的自主保养体系，从而使得设备故障大幅降低、设备运行效率快速提升。其特点是，彻底打破设备操作人员与维修人员之间的传统分工模式，而采用重复小团体的形式，来开展针对设备的改善活动，同时提高设备技能水平，优化企业体制。1971 年，日本电装获得了首届 TPM（全员生产保全）优秀奖（PM 奖）。此后，TPM 在丰田关系企业中逐渐得以普及，这就是最初 TPM 发展并融入精益生产方式的过程。

1969 年初，日本电装与日本工程师学会（简称 JIPE）全面协力展开所谓的"全员参加的生产保养"活动（简称 TPM，Total Productive Maintenance），这之后的三年，日本电装在 TPM 的活动成果方面，可以说有非常大的进步，也因此在 1971 年荣获 PM 优秀事业场奖（简称 PM 奖，1994 年起改为 TPM 奖）。

1971 年，由日本设备管理协会中岛清一等人正式提出 TPM 这一理念。因此，日本电装一直被视为"TPM 的示范企业"、"TPM 的发祥地"，而 JIPE 当时在发行的 PE 杂志上对于日本电装的实施过程介绍，也使得日本产业界得以有一个良好的 TPM 导入模式。

为了有效推进 TPM，日本电装公司将 TPM 的目标概括为 4 个"零"，即停机为零、废品为零、事故为零、速度损失为零。

停机为零：指计划外的设备停机时间为零。计划外的停机对生产造成冲击相当大，使整个生产排配发生困难，造成资源闲置等浪费。计划时间要有一个合理值，不能为了满足非计划停机为零而使计划停机时间值达到很高。

废品为零：指由设备原因造成的废品为零。"完美的质量需要完善的机器"，机器是保证产品质量的关键，而人是保证机器好坏的关键。

事故为零：指设备运行过程中事故为零。设备事故的危害非常大，影响生产不说，可能会造成人身伤害，严重的可能会"机毁人亡"。

速度损失为零：指设备速度降低造成的产量损失为零。由于设备保养不好，设备精度降低而不能按高速度使用设备，等于降低了设备性能。

同时，TPM管理必须设定5层防护线，即：

第一层防护线：由岗位操作人员负责的日常点检。

第二层防护线：由专业点检人员负责的定期点检。

第三层防护线：由专业技术人员负责的精密点检。

第四层防护线：对出现问题进一步通过技术诊断等方式，找出原因及对策。

第五层防护线：每隔半年或一年进行的精密检测。

此外，日本电装还设定了TPM推行的"八定"原则。

（1）定人：确定操作人员兼职和专职的点检人员。

（2）定点：明确设备故障点，明确需要点检的部位、项目和具体内容。

（3）定量：对劣化倾向的设备进行定量化检测。

（4）定周期：为不同设备及故障点，设定不同的点检周期。

（5）定标准：明确给出每个点检部位是否正常的依据。

（6）定计划：制定作业卡，指导点检人员沿规定的路线进行作业。

（7）定记录：设计固定的记录格式。

（8）定流程：制定标准的点检作业和点检结果的处理程序。

通过这一系列措施，日本电装在TPM方面取得了优异的成绩，获得了PM奖，这也成为日本企业推行TPM的开端。

理念2　全员参与到设备维护中

TPM主要通过企业各级和各部门员工对设备的有效管理，挑战故障为零、浪费为零、不良为零的高效生产。可以说，它是推动精益管理广泛性和基础性实施的良好工具。TPM的操作难度不大，又易于获得理想的效果，这使得很多企业在精益化管理过程中非常乐于引进这一管理技术。

全员生产维修是一种全员参与的生产维修方式，其主要点就在"生产维修"及"全员参与"上。通过建立一个全系统员工参与的生产维修活动，使设备性能达到最优。

事实上，生产设备作为精益生产的主要动力和基础设施，对其管理和维护成为良好的生产方式推行的前提和保障。

设备保全和生产的关系极为密切，二者相辅相成、缺一不可。生产部门在日常生产中要合理使用设备，尽量避免设备的故障；而专业保全部门就要对设备进行有计划的保养和应急维护。操作人员和专业保全人员必须相互配合，才能更好地实现生产的精益化。

> **辅助阅读**

TPM 成功推行的几个要素

成功推行 TPM，必须要在 5 大要素上下工夫：

（1）取得高层领导的支持。TPM 作为一项需要全体员工共同参与的精益活动，需要获得管理高层的支持。由高管任命一位 TPM 宣传员是必要的，由其负责向公司全体员工培训 TPM 知识，并使员工了解到"企业将全力推行 TPM，员工应参与其中"。

（2）提高工作技能。不管是操作人员，还是设备维修人员，都要努力提高工作技能，没有好的工作技能，全员参与将是一句空话。管理人员可以鼓励员工从简单问题开始，保存其工作过程的详细记录，并针对性地改善问题，提高专业技能水平。企业还应该着力培养多技能型的人才，更有效地推动各种精益活动。

（3）改善操作环境。前文我们提到的 5S，是现场改善的基础工具。5S 活动具有三个益处：一是可以确保操作环境良好，提高员工的工作兴趣及效率，二是避免不必要的设备事故；三是现场整洁，物料、工具等分门别类摆放，可以缩短设备调整时间。

（4）调动员工的自主能动性。进行自主价值管理是精益活动的重要要求。企业高层必须明确授权员工可以自主进行设备维护，否则会导致员工做事缩手缩脚，不愿意承担责任，TPM 自然也会形同虚设。

（5）做好打持久战的准备。TPM 自身有一个发展过程，贯彻 TPM 也需要约一年甚至更久的时间，企业应当做好心理准备，不求"毕其功于一役"，而应将其作为常态化的管理工具，循序渐进。

参考文献

[1] [美] 杰弗里·莱克. 丰田汽车案例. 李芳龄译. 北京：中国时政经济出版社，2004

[2] [日] 大野耐一. 大野耐一的现场管理. 崔柳译. 北京：机械工业出版社，2011

[3] [日] 大野耐一. 丰田生产方式. 北京：中国铁道出版社，2009

[4] [美] 约翰·德鲁，布莱尔·麦卡勒姆，斯蒂芬·罗根霍夫. 精益之道. 吕奕欣等译. 北京：机械工业出版社，2007

[5] [美] 沃麦克，[英] 琼斯. 精益思想. 沈希瑾，张文杰，李京生译. 北京：机械工业出版社，2008

[6] [日] 金井正明. 改善. 周亮，战凤梅译. 北京：机械工业出版社，2010

[7] [美] 拉佛. 走向精益. 王占波译. 北京：机械工业出版社，2010

附录

基层管理者如何推行精益？
《基层管理者实用精益管理学》大纲

课程简述：

基层管理者可能不了解精益，但却是精益推行的核心力量。基层管理者在生产、服务的第一线，他们的管理水平直接决定产品和服务的质量，从而影响最终的客户满意度和企业收益。因此，在基层管理者中推广精益思想是非常必要的。那么，基层管理者应该了解精益的哪些问题？该如何学习和推广精益管理？这就是本书希望能解决的基本问题。

本书立足于基层精益管理实践，借助各种精益管理的实践案例，阐述精益管理的推行手段和理念，力求帮助基层管理者更好地认识精益管理，并学习可以直接使用的精益管理方法和工具，更好地推行精益管理。

第 1 讲

精益管理的本质是什么？

（对应课程第 1 章：什么是精益）

1. 精益的三大本质

知识点：精益思想的起源与发展，浪费，丰田生产方式

2. 精细化管理与精益管理辨析

知识点：精细化管理

> **授课目标**：了解精益管理是什么，了解精益思想的产生和发展历程；对精细化管理和精益管理有基本的区分。

第 2 讲

企业的价值创造

（对应课程第 2 章：为什么要精益）

1. 价值创造

知识点：企业的立足之本

2. 浪费

知识点：企业的 7 大浪费，5S 管理

> **授课目标**：明确价值创造是企业的立足之本，明确客户对企业的重要性；明确精益管理对消除企业浪费、创造客户价值的重要性。

3. 精益管理在基层

知识点：大野耐一圈，"现地现物"原则

第 3 讲

"一个流"生产

（对应课程第 3 章第 1 节）

1. 批量生产和批量处理的误区

知识点：批量处理方式导致的问题

2. 价值流认识与分析

知识点：价值流，增值活动与非增值活动

3. 建设快速、小批量的生产单元

知识点："一个流"生产方式

> 授课目标：充分掌握"一个流"生产方式，认识批量生产与"一个流"的优劣。

第 4 讲

拉动式生产

（对应课程第 3 章第 2 节）

1. 堆积的浪费

知识点：拉动式生产

2. 拉动思维下的看板管理

知识点：看板管理

> 授课目标：掌握拉动式生产，掌握看板管理在拉动式生产中的应用。

第 5 讲

均衡化生产

（对应课程第 3 章第 3 节）

1. 节拍的均衡控制

知识点：节拍

2. 生产负荷的均衡化

知识点：均衡化生产方式

> 授课目标：明确什么是生产节拍，掌握均衡化生产。

第 6 讲

精益的三大追求：效率、品质、成本

（对应课程第 4 章第 1、2、3 节）

1. 效率的极限化

知识点：效率，标准化作业

> 授课目标：明确精益管理中应该注意的几大维度；明确精益管理的效率、质量和成本要求，掌握提升效率、确保质量、成本控制的有效手段。

2. 品质的保证

知识点：质量管理，自动化，安灯装置，可视化

3. 成本管理

知识点：成本控制的加、减法

第 7 讲

创新与变革

（对应课程第 4 章第 4 节）

1. 创新变革与价值创造

知识点：定势思维

2. 模仿与自主创新

知识点：模仿，自主创新

3. 技术与企业管理

知识点：技术的协助作用

> 授课目标：明确精益管理思想对创新与变革的要求；明确模仿与自主创新的优劣；正确认识技术与企业管理的主从关系。

第 8 讲

推进人员在精益管理中的作用

（对应课程第 5 章：如何自发做精益）

1. 人员推动精益

知识点：精益中人的作用

2. 价值管理

知识点：全员经营，目标一致理论，目标价值管理

> 授课目标：正确认识员工在精益化推行过程中的重要地位，学习如何调动员工的精益积极性。

第 9 讲

精益人才培养

（对应课程第 5 章第 2 节）

1. 职业发展

知识点：丰田的职业导师制度

2. 精益人才的培养

知识点：人才培养的原则，培养的方法

> 授课目标：正确认识教育与培训的重要性，认识精益人才养成的重要作用；掌握人才培养的基本方法。

第 10 讲

精益永无止境

(对应课程第 6 章第 1、2 节)

1. 循序渐进的精益

   知识点：精益的角度

2. 循环改善方式

   知识点：PDCA 循环，5WHY 分析法

3. 养成精益习惯

   知识点：3U 备忘录，TPM 全员生产保全

> **授课目标**：正确认识精益管理的持续性，端正精益化推行的态度；掌握循环改善的基本方法；掌握问题发现和分析的方法；认识随时记录问题在精益推行中的作用，学习使用备忘录；掌握 TPM 的基本使用方法和注意问题；养成精益管理的习惯。

图书在版编目（CIP）数据

基层管理者实用精益管理学/孙亚彬，易生俊著 . —北京：中国人民大学出版社，2016.1
（实用精益管理培训系列教程）
ISBN 978-7-300-22058-1

Ⅰ.①基… Ⅱ.①孙…②易… Ⅲ.①企业管理 Ⅳ.①F270

中国版本图书馆 CIP 数据核字（2015）第 252257 号

实用精益管理培训系列教程
基层管理者实用精益管理学
孙亚彬　易生俊　著
Jiceng Guanlizhe Shiyong Jingyi Guanlixue

出版发行	中国人民大学出版社		
社　　址	北京中关村大街 31 号	邮政编码	100080
电　　话	010－62511242（总编室）		010－62511770（质管部）
	010－82501766（邮购部）		010－62514148（门市部）
	010－62515195（发行公司）		010－62515275（盗版举报）
网　　址	http://www.crup.com.cn		
	http://www.1kao.com.cn（中国1考网）		
经　　销	新华书店		
印　　刷	北京易丰印捷科技股份有限公司		
规　　格	170 mm×228 mm　16 开本	版　次	2016 年 1 月第 1 版
印　　张	11.25　插页 2	印　次	2016 年 1 月第 1 次印刷
字　　数	185 000	定　价	39.00 元

版权所有　侵权必究　印装差错　负责调换